Susanne DorenDorff

Handschrift ante portas

Schreiben macht glücklich!

Bibliografische Information der Deutschen Nationalbibliothek. Die Deutsche Nationalbibliothek verzeichnet diese Publikation in der Deutschen Nationalbibliografie; detailierte bibliografische Daten sind im Internet über http://dnb.de abrufbar

Handschriften und Illustrationen: Susanne Dorendorff
Kinderhandschriften: Felix und Moritz F. (2018)
Cover, Design und Layout: Susanne Dorendorff
Satzschrift: Garamond und Century Gothic
Dorendorff-Alphabet und Übungsbeispiele: Gemischtantiqua, verbunden, handgeschrieben
Herstellung und Verlag: BoD – Books on Demand, Norderstedt

Website: www.dorendorff.eu

ISBN 978-3-7528-0196-5

FSC www.fsc.org
MIX
Papier aus verantwortungsvollen Quellen
Paper from responsible sources
FSC® C105338

Schreibschrift:

Der Zündschlüssel für schnelles Denken

DorenDorff

Experto credite

Glaubt dem, der es erprobt hat

Vergil

Inhalt

DorenDorff – schreiben macht glücklich

Zum Einstieg viel Glück!

Schreibenlernen ist ein Kinderspiel.
Ich konnte schon schreiben, als ich in die Schule kam. Deshalb weiß ich, wie einfach es ist, die lateinische Schreibschrift zu erlernen. Die Politik sieht das auch so: „Das *Beibringen von Buchstaben* ist wissenschaftlicher Erforschung nicht bedürftig.“ und *„Das mit den Buchstaben* soll ganz woanders erledigt werden, nicht in der Lehrerausbildung[1].“ Was hier ironisch klingt, fand tatsächlich statt. Der Schreibunterricht wurde aus der Grundbildung genommen, und die Ergebnisse fallen uns seitdem vor die Füße. Seit Erwachsenen in ihrer Kindheit der *geistige Schöpfungsakt des Schreibens* verweigert wird, türmt sich Jahr um Jahr der babelsche „Kannitverstan[2]“-Turm immer höher auf: Eine Studie von 2012[3] ergab, dass der Anteil der Analphabeten im Bildungsstandort Deutschland auf 7,5 Mio. angewach-

---

[1] Günther Thomé: ABC und andere Irrtümer, S. 99, Bosch (1937) zit. n. Kluge 2009, S. 27
[2] Johann Peter Hebel: https://epub.uni-regensburg.de/25677/1/ubr12863_ocr.pdf
[3] Grotlüschen und Riekmann, 2011, 2012; Grotlüschen, Riekmann und Buddeberg, 2012

sen ist (Berufstätige! – Kinder und Jugendliche nicht mitgezählt) – Tendenz: steigend.
Schreiben ist das Ergebnis eines Denkprozesses, dem ein visuell-manuell-basiertes Darstellungsereignis nachgeordnet ist. Und: Handschrift ist eine Frage der Bildung, nicht des Designs.
So wie es aussieht, brauchte es den **langjährigen Verweigerungsprozess** und den **Verlust des Unterrichts**, um die essentielle **Bedeutung des Schreibens** in seiner ganzen Größe erfassen zu können. Wir erinnern: Die drei Disziplinen *Lesen, Schreiben, Rechnen* sind das Fundament westlicher Bildung, wobei Schreiben als *primus inter pares* (Erster unter Gleichen) gilt. Wer lesen kann, kann noch nicht schreiben, wer nicht schreiben kann, kann auch nicht rechnen (weil er die Zahlen nicht „bedienen" kann). Doch kann man schreiben, beherrscht man alle drei. Es geht beim Schreibenlernen also nicht um „schön" oder „Sauklaue", sondern um den Erwerb einer Denktechnik, auf die wir angewiesen sind.

Seit 30 Jahren ist meine Handschrift mein Beruf (wie die Stimme der Beruf eines Opernsängers ist), darüber hinaus berate ich **seit gut zehn Jahren Eltern und Lehrer/-innen** in Sachen Schulschrift und Schreibunterricht (bundesweit und an deutschen Schulen weltweit). Ich *erlebe* die Dimension der Grundschul-Katastrophe und den Schreibkummer der Kinder wie sonst wohl kaum jemand täglich hautnah.

Das gab den Anstoß, genau jenes **„Kinderspiel"** zu entwickeln, das in Deutschland fehlt: **Know-how und**

Spielregeln zum Schreibenlernen … inklusive Erklärpflicht für Erwachsene. Es ist nämlich der richtigen Erklärung zu verdanken, dass ich mit fünf Jahren schreiben konnte. **Kein Kind kann sich selbst alphabetisieren. Woher soll es wissen, wie die Zeichen, die es sieht, ausgesprochen und geschrieben werden?**

Es war eine wunderbare Selbst-Herausforderung, ein **Buchstaben-kapier-Konzept** zu entwickeln, das auf der **Logik des Schreibens** basiert und von Kindern und Erwachsenen begeistert angenommen wird. Das war das Ziel. Hier sollten sich meine Typo- und Kalligrafiesemester bewähren. Ich hatte gelernt, Buchstaben zu „sezieren", ich kenne ihren Aufbau. Darauf kam es nun an.

Bisher ist das lateinische Schulschreib-Alphabet nur als Einzelbuchstaben-Übersicht bekannt.
Die Details werden nicht gezeigt. Die Art der Präsentation zum Verstehen des Aufbaus muss logischer und nachvollziehbar sein. Jeder Buchstabe folgt einem Ablauf: dem Anfang, der Form hin zum Ende oder zum Übergang in den nächsten.
Die Ausführung muss aus den **Basisformen heraus geschehen werden …** zum Beispiel *c* + *ı* = *a*
Aus ca. 20 Grundelementen lassen sich 1.770 Buchstabenpaare bilden.

Das vorliegende Konzept wurde den aktuellen Erkenntnissen der Neurobiologie, den **neuronalen Gegebenheiten** der Kinder angepasst und mit dem Fokus auf Jungen entwickelt, weil sie die Hauptleidtragenden der **Nachkriegs-Schulpolitik** sind. Es eignet sich besonders für privaten Einzelunterricht, für Kinder ab vier Jahre, für Schüler, Jugendliche und für Erwachsene.

Denn wir können uns freuen: Der Aufschwung macht sich bemerkbar. Ein deutliches Zeichen für die Unverzichtbarkeit der Handschrift ist auch ihr gezielter Einsatz als grafisch-künstlerisches Element überall in unserer Lebenswelt. Was kann Persönlichkeit, Authentizität und Individualität besser transportieren als Handgeschriebenes? Handschrift ist auf dem Weg, wieder zu einem **Statussymbol**, zu einer **Bildungs-Code-Schrift** zu werden: Die *Elite will Schreibschrift,* die Schrift der Dichter und Denker. Das bestätigen auch meine Handschrift-Coachings für Erwachsene. Es sind die Männer, denen in der Kindheit das Schreibenlernen verweigert wurde. Darunter Studierende, Akademiker und Führungskräfte. Da ist es wohl verständlich und ermutigend, dass diese Eltern die Handschriften ihrer Kinder im Auge behalten.
Das ist unser Fundament.

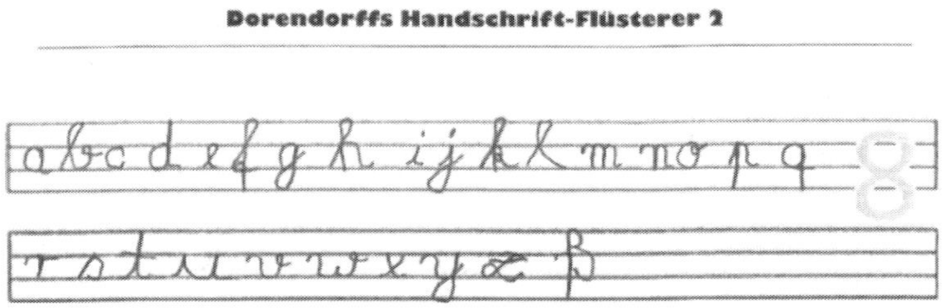

Hier oben: Eine Schreibprobe des (fast) 5-jährigen **Moritz**

Unten: Sein Bruder **Felix,** 7 Jahre alt, 3. Schuljahr (2. Klasse übersprungen) hat schon seine **eigene Schreibtechnik** entwickelt. Beide Jungen lernten *vor der Einschulung* die lateinische Schreibschrift durch ihren Vater.

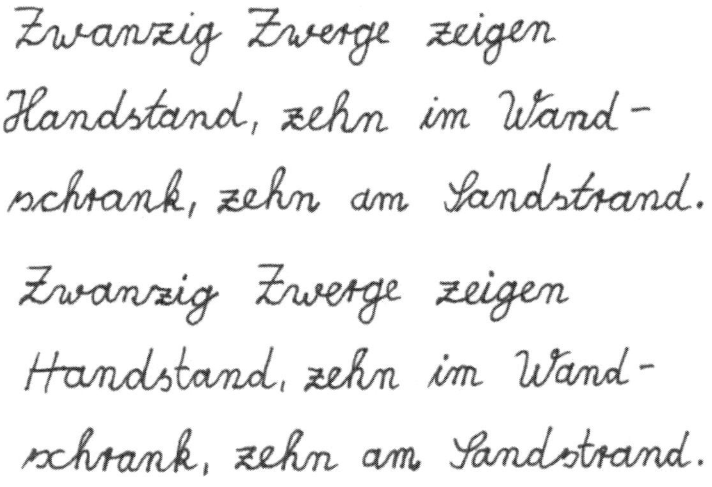

Schreibanfänger lernen mit meiner Methode, **Buchstaben als eigenständige Sprachelemente** zu verstehen. Sie sind auf sehr leicht nachvollziehbare, logische Weise erlernbar (siehe TIETUS, ab Seite 130).

Kindern vor der Einschulung die Schreibschrift zu erschließen, ist derzeit wohl der zuverlässigste Weg, das Schreibenlernen positiv zu erleben. Jedenfalls solange die Grundschule im ersten Schuljahr nur die **Druckschrift (und diese dann auch noch im *Selbstlernverfahren* zum Schreibenlernen!)** anzubieten pflegt.

Es ist die natürliche Spontaneität des Schreibens, die die Leichtigkeit des Gedankenflusses vorantreibt und ihn in einen geistigen Flow[4] münden lassen kann, so dass alles fließt: Gedanke, Bewegung und Tinte.

Das ist das Ziel des Schreibenlernens.

Der Begriff *Flow*, der einen spezifischen Glückszustand veranschaulicht, passt wunderbar zum Schreiben, wo sowieso alles *fließen* soll. Der *Flow* wurde zwar von dem Psychologen *Mihály Csíkszentmihályi* genauer erforscht und im psychologischen Sinne manifestiert. Doch vorher

---

[4] Mihály Csíkszentmihályi: Das Flow-Erlebnis: Jenseits von Angst und Langeweile – im Tun aufgehen, 2010

schon, in den 1950er Jahren, hatte *Hans Scheuerl*[5], Spieltheoretiker und Professor der Erziehungswissenschaft in Hamburg, dieses Phänomen beschrieben. In seinen berühmten Charakteristiken des Spiels akzentuierte er mit dem *völligen Aufgehen in der momentanen Tätigkeit,* jene *Mühelosigkeit des Tuns,* die während des Schreibens ebenfalls eine große Rolle spielt.
Wäre Scheuerls Domäne *Handschrifterwerb* gewesen, hätte er dem westlichen **Schreib- und Rechtschreib-Verständnis** eine positivkorrigierende Richtung geben können.
Denn genau diese *Mühelosigkeit des Tuns* kann relativ rasch eintreten, sobald die eigenen Gedanken aufgeschrieben werden. Voraussetzung ist lediglich, dass der *Buchstabenschreib-Verlauf* zuvor verlässlich unterrichtet und verstanden wurde.

Sinn des Schreibenlernens ist es also, sich dieser Technik so zu bemächtigen, dass sie vollkommen beherrscht und zu einem mühelosen (unbewussten) Werkzeug des eigenen Tuns wird. **Niemand lernt schreiben, nur um eine schöne Handschrift zu haben.** Denn dann wären Buchstaben nichts weiter als dekorative Formen.
Eine Analogie: Wir lernen Autofahren nicht des Autos wegen. Das Auto *fährt.* Aber es fährt nicht *mich* – ich fahre es. Autos sollen uns transportieren. Sie sollen unsere Reisewünsche erfüllen, uns von A nach B bringen, Einkäufe transportieren, uns Landschaften erschließen helfen und was noch alles. Genauso ist es, in übertragenem

---

[5] Prof. Hans Scheuerl: Das Spiel, Beltz, 1959

Sinne, mit dem Schreiben. Es soll uns dienen. Zu diesem Zweck muss es erlernt werden.
Doch von einer *kinderverstandgemäßen Didaktik* ist die Schule bis heute weit entfernt. Dies mag einer der Hauptgründe sein, weshalb es an der Grundschule seit jeher beim Schreibenlernen so viele Tränen und Verzweiflung gibt. Bei Lehrern und Schülern gleichermaßen. Ich hatte, wie oben erwähnt, Glück und konnte schon schreiben, als ich in die Schule kam. Ich berate nicht nur bei Schreibproblemen als Handschrift-Coach Kinder und Erwachsene, ich erforsche die *Handschrift* und das *Schreiben* auch, bin Sho-dō-Künstlerin, Philographin und widme mich diesen Aufgaben, die ich als großes Glück empfinde, mit Freude und Demut. Und mit der Verpflichtung, mein Wissen und Können weiterzugeben. Dass dies ein Alleinstellungsmerkmal ist, erstaunt mich mehr und mehr.
Bisher durfte *Schreiben*, das als Ausdrucksform nachhaltig spontan-expressiver ist als jede andere Kunstgattung, nicht zu einer anerkannten künstlerischen Disziplin aufsteigen. Und: Schreiben hat weder eine seriös-kommerziell noch eine wissenschaftlich arbeitende Lobby.
Aber schaut man genauer hin, dann hat sich schon viel zum Positiven verändert.

Als mein beruflicher Schreib-Weg begann, ich hatte grad *Die Möwe Jonathan*[6] schreibend illustriert, war das Wort

---

[6] Richard Bach: Die Möwe Jonathan, Ullstein, ersch. 1989 bis 2004, neun Auflagen

Handschrift ein Unwort: Über Handschrift sprach man einfach nicht! Die eigene Schrift war etwas, das einem unangenehm war. Die versteckte man lieber. Genau aus diesem Grund gab ich meinem Institut, das ich 2005 gründete, die Bezeichnung *Europäisches Institut für Handschrift und Philographie*[7]. Ursprünglich sollte diese Einrichtung eine kulturelle Brücke schlagen zwischen sino-japanischer und westlicher Schreibkunst. Dass das Schreiben in Deutschland abgeschafft werden sollte, erfuhr ich kurz darauf durch Eltern, die mich auf das Martyrium der Grundschüler aufmerksam machten. Das geschah offenbar genau im richtigen Moment. Und so begann ich, mich zunächst um die Geschehnisse in der Schule zu kümmern.

Um es gleich vorauszunehmen: Es gibt wunderbare Lehrerinnen und Lehrer, die sich des Schreibenlehrens auf kluge Weise annehmen, dies im Unterricht jedoch nicht anwenden dürften. Auch für sie habe ich dieses Buch geschrieben. Lehrerinnen und Lehrer an deutschen Schulen (auch im Ausland) sind weisungsgebunden, das heißt, sie müssen das tun, was „von oben“ angeordnet wird.

Wenn es der eigenen Auffassung zuwiderläuft, kann das demütigend sein. Im Deutschunterricht ist das relativ oft der Fall. Den Humus dafür mag der Föderalismus liefern. Weil jedes Bundesland, zum Teil sogar jede Schule, selbst

---

[7] *Philographie* setzt sich zusammen aus griech.-lat. *philo* „die Liebe zum“ und griech.-lat. *graphie* „schreiben“.

entscheidet, was wie unterrichtet werden muss, entsteht eine beklemmend konfuse Schulstruktur.

Mit jedem Kultusminister, jedem Schulsenator werden je nach Wahlergebnis, zumeist alle vier Jahre, die Vorgaben für Lehrerinnen und Lehrer, die Lehrinhalte und die schulischen Bedingungen, unter denen die Kinder lernen müssen, umgeworfen und „erneuert". Im Einjahresrhythmus führt ein anderer Präses die *Ständige Kultusministerkonferenz der Länder (KMK),* die auch über die Rahmenpläne der Grundschulen zu entscheiden hat. Vor diesem Hintergrund muss die Frage gestattet sein, wie der schulpolitische Terminus „Schulfrieden" zu verstehen ist, eher als euphemistisch-neutralisierendes „Blendmittel" oder eher als „Kriegsspielzeug"? Wie soll „Schulfrieden" bei den Kindern ankommen, wenn Politiker und beratende Wissenschaftler permanent neue Vorschriften und Ideen entwickeln, die den Lehrern und Lehrerinnen übergestülpt und in den Schulen „erprobt" werden müssen, ohne dass verwertbare Studien erstellt werden (müssen)? „Schulfrieden" hört sich gut an, ist aber wohl schon vom Konzept her nicht möglich. Bildung braucht Orientierung. Bekommt sie aber nicht.

Ob aus kommerziell-machtpolitischem Kalkül oder aus rein pädagogischem oder beidem, ist noch offen. Jedenfalls griffen reformpädagogische Ideologen nach der Grundschule, gründeten 1969 einen Interessenverband, der die Ausgestaltung der Curricula übernahm. Seitdem sind die meisten Grundschulen auf die Ergebnisse und Materialien dieser bildungsreduzierenden, wissenschaftsbefreiten Ideen angewiesen und unterrichten sie.

Wenn der Sprachforscher Ulrich Ammon[8] feststellt: „Leider sind die Zusammenhänge von Sprache und internationalen Beziehungen nur unzureichend erforscht, weder die Sprachwissenschaftler noch die Soziologen und Politologen fühlen sich zuständig. Und so erkennt auch die Politik nicht, warum es wichtig wäre, wenn Deutsch in größerem Umfang gelernt würde“, geht das Deutschlehr-Desinteresse genannter Wissenschaftler und Politiker noch wesentlich tiefer und trifft den Erwerb der deutschen Sprache am Lebensnerv, dort, wo sie gelehrt werden soll, in der Grundschule: Ein Studium theoretisch-praktischer Alphabetisierung auf Basis der lateinischen Schreibschrift und linguistisch vertretbarer Orthografie vom ersten Wort und ersten Schultag an ist nicht vorgesehen.

Worüber nie gesprochen wird: Einen Lehrstuhl für *Handschrifterwerb* gibt es nicht. Lehrerinnen und Lehrer werden im Schreiben-Rechtschreiben-Lehren, Stifthaltung und -führung nicht ausgebildet[9]. In den 1970er Jahren hob die Politik die Selbstverständlichkeit *Schreibunterricht* (der „Schönschreiben“ hieß) stillschweigend auf (seit 1990 auch in den neuen Bundesländern). Seitdem zwingt der allgemeine Lehrplan Erstklässler, sich statt der *Schreib-* die

---

[8] Ulrich Ammon: Deutsche Sprache ist deutlich attraktiver geworden; Die Welt, Andreas Fasel | veröffentlicht am 25.01.2015

[9] Blogseminar: *Wie sollen Lehrkräfte vermitteln, was sie selbst nicht können?* 26.01.2018, Philipp Frohn

DRUCKschrift anzueignen. Ohne sachkundige Instruktion. Ohne Anleitung im Umgang mit Schreibgeräten. Ohne individuelle Ansprache. Nach einem Jahr müssen viele Kinder dann an dem **seit 1973** praktizierten Selbstlern-Test-Projekt „Vereinfachte Ausgangsschrift“ (VA) teilnehmen.[10] Es ist anzunehmen, dass diese Kombination bei Millionen Kindern zu *grafomotorischen Schädigungen* und *Schreibschwäche* führte und führt.

Auch dass man **2001** die lateinische Schreibschrift **(Lateinische Ausgangsschrift – LA) gänzlich aus dem Rahmenplan entfernte**, drang bisher nicht an die Öffentlichkeit. Ganz im Widerspruch zu dem dann folgenden Schulversuch, der 2011 mit einer bundesweit groß angelegten Werbekampagne auf dem Schulmarkt erschien: dem „Grundschrift-Projekt[11]“. Hinter dem Namen „Grundschrift“ verbirgt sich keine Schrift in herkömmlichem Sinne, sondern die unverhohlene Aufforderung an die Kinder, sich *selbst* um die Entwicklung der eigenen Handschrift zu bemühen. Und zwar unter Anwendung dieser alten, leicht modifizierten lateinischen Leseschrift, die im allgemeinen Sprachgebrauch „Druckschrift“ heißt.

Was ist davon zu halten, dass sachfremde „Wissenschaftler“, in völliger Unkenntnis und/oder unter Missachtung schriftbasierter Grundsätze, die alte Leseschrift (also die „Druckschrift“) als „neue, wissenschaftlich fundierte

---

10 Wilhelm Topsch: Das Ende einer Legende, 1995

11 www.grundschulverband.de/grundschrift/konzept/

Schrift" unerfahrenen Eltern, Lehrern und Kindern anbieten? Und dürfen sie darüber hinaus diese *ZwangsDRUCK-schrift* unter dem typografisch tradierten Fachbegriff „Grundschrift"[12] promoten? Und ist es intellektuell vertretbar, wenn versprochen wird, dass Kinder „besonders leicht eine *flüssige Handschrift* (sic!) entwickeln, indem sie *selbst herausfinden,* wie sie **Druckbuchstaben verbinden** möchten" und dass **Druckschrift *Schreibschrift* ist, weil die Vorlage mit der Hand geschrieben wurde**?

In der gesamten Literatur zur Schulschrift fällt auf, dass drei Begriffe permanent durcheinandergeworfen werden: Druckschrift, Kalligrafie und Handschrift. Das ist eine Fehlerquelle, die häufig zu verhängnisvollen Missverständnissen führt, deshalb *ist profunde Handschriftkunde* (nicht zu verwechseln mit Grafologie [Handschriftdeutung]) in der Lehrerausbildung mehr als wünschenswert.

Es ist wohl davon auszugehen, dass die Schulpolitik an der anachronistischen *Didaktik für Unterprivilegierte*[13] nicht mehr lange festhalten kann. Zu viele Eltern und Lehrer/-innen sind gegen die gängigen Grundschulmethoden[14] und greifen zur Selbsthilfe. Sie erschließen sich das Schreiben auf eigene Faust. Auch für sie ist dieses Buch gedacht

---

12 www.typolexikon.de/grundschrift/ gesehen am 22.01.2018

13 Grundschulverband/Grundschule aktuell 104/Hans Brügelmann

14 www.nw.de/nachrichten/regionale_politik/22034231_Schulministerin-will-Lehrmethode-Schreiben-nach-Gehoer-einschraenken.html, 18.01.2018

.**Fazit:** Jeder lernt schreiben ganz allein für sich selbst. **Handschrift ist ein Denkwerkzeug**, das uns intellektuell und substanziell mit der Welt in Verbindung hält. Sie ist die Lebensspur, die bleibt, wenn alles andere längst vergangen ist.

Handschrift boomt!

Die persönliche Handschrift garantiert Privatsphäre – der Computer das Gegenteil.
Die internationale Schreibtechnik der *verbundenen* Gemischtantiqua[15] (umgangssprachlich: lateinische Schulschreibschrift, in Deutschland: Lateinische Ausgangsschrift [LA]) bewährt sich seit 500 Jahren und entsprechend vielen Generationen in fast allen Weltsprachen als zuverlässiges Denk- und Kommunikationswerkzeug. Sie baut infolge der Digitalisierung ihren weltumspannenden Erfolg immer weiter aus.
Nicht allein die handschriftliche Alphabetisierung der Kinder, auch der Computer macht diese einzigartige internationale Verständigungstechnik unverzichtbar. Handschrift

---

[15] Die *Antiqua* basiert auf der typografphischen Urform der römischen Schrift *Römische Capitalis,* die aus Versalien (Großbuchstaben) bestand. Die *Gemischtantiqua* besteht jedoch aus Groß- und Kleinbuchstaben. Heute ist sie das Fundament der gängigsten Lese- und Schreibschriften aller Weltsprachen.

funktioniert schnell, individuell und weitestgehend datengeschützt.
Auf gehobener Ebene hat sich längst herumgesprochen: Wer die schnelle Schreibschrift beherrscht, ist Teil eines Verständigungsnetzwerks, das unauffällig und vertraulich weltweite Verbindungen knüpft. Digitalisierung und Globalisierung indizieren die Handschrifttechnik als absolutes MUSS für jeden zivilisierten Menschen.

Weder Musik, Gesang, Tanz, Bildhauerei, Malerei noch Zeichnen beziehen von ihren Urhebern einen vergleichbar hohen spontan-authentischen Output, wie er in der Handschrift nahezu *selbsttätig aus einer Quelle sprudelnd* zum Vorschein kommt.
Da gibt es noch sehr viel zu entdecken.

Die derzeit angebotenen Ausgangsschriften Vereinfachte Ausgangsschrift [VA] Schulausgangsschrift [SAS] Grundschrift [GS] **sind keine Schreibschriften**, weil sie die Voraussetzungen zum Erwerb einer fließenden Schreibtechnik nicht erfüllen.

Begründung:

> Die Buchstaben der **Vereinfachten Ausgangsschrift** (VA) sollen nicht auf der Grundlinie rund verbunden werden, sondern, nachdem nach jedem Buchstaben angehalten wurde, um die Hand zu entspannen (sic!), soll sie oben an der Mittellinie „zusammengekoppelt" und einige Buchstaben mittels „Luftsprung" in die Reihe gebracht werden. Die VA wurde auf Wunsch und unter Beteiligung eines Interessenverbands zur Produktionskostenminimierung der Schulbuchverlage entworfen. Verbindlich zugelassen ist diese Schrift nicht, wird jedoch in elf Bundesländern verlangt, obwohl ihre Untauglichkeit seit 1995 nachgewiesen ist.

Die **Schulausgangsschrift** (SAS) ist die Schulschreibschrift der DDR und gilt unter Typografen als *Sakrileg*, weil die Kinder gezwungen werden, die Schreibschrift-Gemeinen (Minuskeln, Kleinbuchstaben) mit Grotesk-Versalien (volkstümlich als „Druckschrift" bezeichnete Majuskeln [Großbuchstaben]) zu verbinden. Das ist – weil unlogisch und *nicht fließend* praktikabel – ein Verstoß gegen die Schriftengesetzmäßigkeit der Typografie.

Die **„Grundschrift"** (GS) ist eine modifizierte Druckschrift – ergo keine Schreibschrift. Auch dann nicht, wenn die Vorlage mit der Hand gezeichnet wurde und/oder manche Buchstaben nach eigenem Empfinden von den Kindern verbunden werden sollen.

Die einzig richtige Schreiblernschrift an deutschen Schulen ist die *Lateinische Ausgangsschrift* (LA). Die wurde jedoch auf Beschluss der KMK in einem *Verkürzten Verfahren* im Dezember 2001 aus dem Rahmenplan entfernt.[16]
Welche Schrift ist also gemeint, wenn Politiker neuerdings versprechen: „Die Kinder sollen wieder die *verbundene Schreibschrift* lernen", im selben Atemzug die LA jedoch strikt ablehnen? Nebenbei: Der Begriff „verbundene Schreibschrift" ist redundant (doppeltgemoppelt). An dem

[16] KMK-Beschluss vom 20.12.2001

Gebrauch dieses Ausdrucks erkennt man den typografisch unerfahrenen „Experten“.

Trotz PC und digitaler Spracherkennung, trotz aller Technik, *fließend schreiben können* wird immer die Königsdisziplin schulischer Bildung bleiben. Dennoch kann und soll sie, laut Auskunft der KMK, der Grundschullehrerausbildung wohl auch zukünftig nicht angehören.

Können möchten es alle. Das Problem ist nach wie vor lediglich das „Lehren“, nicht das Lernen. Schüler lernen schreiben im Handumdrehen, wenn sie richtig angeleitet werden. Die Ausrede, Kinder hätten heutzutage schlechte grafomotorische Voraussetzungen und könnten *daher* nicht mit Stift und Füller umgehen, ist (sorry) lächerlich angesichts der Weigerung, es ihnen richtig zu zeigen. Darum:

Wir schreiben, um unsere Gedanken voranzutreiben, um sie wieder einzufangen und um sie festzuhalten. Buchstaben sollen uns gedanklich forttragen, ohne uns bewusst zu machen, dass sie dies tun. Buchstaben sind wie Räder, die auf einer gedachten Linie entlanglaufen, um Wörter zu bilden, die aus Kopf und Hand fließen.

Lateinische Lettern sind *phonetische* Zeichen[17]

Alphabete sind abstrakte grafische Schemata, die spezifische Sprech-Module repräsentieren, aus denen Wörter gebildet werden. Dieses Typo[18]-System ist ähnlich konzipiert wie die Noten-Zeichensprache der Musik, wo jede Note einen bestimmten Ton generiert. So ist es auch mit Buchstaben, nur dass manche Buchstaben-Kombinationen zusätzliche Laute erfordern (zum Beispiel e + i = ei; e + u = eu; p + h = f) und auch die Einzelbuchstaben-Aussprache noch variieren kann (zum Beispiel v = w =f; b = p).

Wer sich die Ton-Typen aneignen will, um lesen zu können, lernt neben den einzelnen Buchstaben also zwangsläufig auch deren Zusammenspiel, weil dies überhaupt erst Wörter ergibt. Die ***Form gibt den Klang-Code frei,*** kann man sagen. Mehrere Typo-Klänge ergeben ein Wort. Buchstabe für Buchstabe erschließt sich der Wörter und der Worte *Sinn* und geben so den des ganzen Satzes zu erkennen. Aus diesem Grund müssen die Lettern lesbar sein – sonst kann man sie nicht „decodieren“. *Schul-Schreibschrift-Buchstaben* sind keine Geheimchiffren.
So weit, so systematisch-analytisch.

---

[17] *phon = Ton*
[18] *Typografie*; neusprachliche Abkürzung Typo

Praktisch sieht das so aus: Buchstaben **lernen** heißt, sie **hörend und sehend zuordnen** können. Buchstaben **verstehen** heißt, sie **hören, sehen und deuten** können, so dass *phonetisch bekannte Wörter verstanden* werden (das ist *lesen).* Buchstaben **anwenden** können, heißt **hören, sehen und selbst koordinieren** können – das ist *schreiben.* **Mit der Hand schreiben** bedeutet, *hörend, sehend und bewegend* Buchstaben *erzeugen* zu können (kurz: HöSeBe). Dem Schreibenkönnen gehen also logischerweise **Verstehen** und **Anwenden** der Lettern voraus. Denn erst wer die Schriftzeichen beherrscht, kann Schreiben lernen. Umgekehrt wird kein Schuh draus.

Demzufolge ist die (Anti-)Alphabeti-sierungs-Methode „Lesen durch Schreiben“ (LdS) wohl schon vom Namen her ein Paradoxon.

Niemand kann erst schreiben und dann lesen lernen. Die Frage, warum Sprach- und Erziehungswissenschaftler sich diesem höchst unwissenschaftlichen, schreib- und rechtschreibreduzierten Desaster nicht wirkungsvoll entgegegenwerfen (können), ist noch offen. Vielleicht, weil sie kein Angebot erarbeitet haben, nichts, das als **sinnstiftende Deutschdidaktik** bezeichnet werden könnte? Ob dies als Armutszeugnis stehen bleibt oder ob mein (seit mehreren Jahren verhallender) Aufruf als ein

Appell verstanden wird, diese Didaktik endlich zu erarbeiten, wird die Zukunft zeigen.

Das jahrzehntelange Zaudern wundert umso mehr, sieht man das Recht-Schreib-Verhinderungs-Programm im Kontext. Die Schulpolitik bestimmt einerseits, dass Schreibunterricht nicht nötig ist, *„die Kinder können sich das alles selbst beibringen"*, andererseits werden Schüler wegen mangelnder Schreib-/Rechtschreibkompetenz zu Therapeuten und Ärzten geschickt. Und: Werden Absolventen trotz mangelhafter Deutschkompetenz zum Lehrerstudium zugelassen, weil es sonst bald keine Lehrer mehr gibt? Ist es zulässig, dass Studierende mit defizitärer Schreibtechnik durch Examina fallen? Müssen Lernende es hinnehmen, lebenslang an die Tastatur gezwungen und ihr ausgeliefert zu werden? Ist es zeitgemäß und richtig, dass Wissenschaftler/-innen und Kultusminister/-innen ohne typografische und ohne linguistische Kompetenzen über die Inhalte der Grundschullehrpläne entscheiden? Da drängt sich die Frage auf, wann wird eine kompetente, unabhängige Prüfungskommission eingerichtet, die Elternvertretern gegenüber Rechenschaft ablegen muss über die Auswirkungen grundschulpolitischer Entscheidungen?

In diesem Zusammenhang sollte auch der Frage nachgegangen werden, ob Lehrer/-innen gezwungen werden dürfen, von Kindern etwas zu erwarten oder gar zu verlangen, das sie selbst nicht unterrichten können, weil es

in der Schule nicht vorgesehen ist und im Studium nicht angeboten wird?
An staatlichen Einrichtungen sieht es so aus: Vom ersten Schultag an wird *unterrichten* zu *erwarten* und statt zu *lehren,* wird *verlangt*. Es wird erwartet, dass die Kinder sich die Buchstaben und das Schreiben selbst erschließen, und verlangt, dass sie dies leserlich und „flüssig" können. Die Fehleinschätzung, Schreibenlehren sei eine *Subdomäne* und „zu anspruchslos für die Lehrerausbildung", hält sich, wie schon erwähnt, seit Jahrzehnten.
Das stimmt nachdenklich.
Würde es nicht **ebenso nachdenklich stimmen**, wenn die Aufhebung des Schreiben- und Rechtschreibenlehrens von Personen initiiert und betrieben würden, die daran finanziell beteiligt sind? Oder täusche ich mich? Sind die, die sich dafür einsetzen, dass Grundschüler nicht mehr schreiben können, „weil der Computer das übernimmt", die Förderer des deutschen Analphabetismus'? Wieso darf derselbe Personenkreis die LA aus dem Programm nehmen lassen, um anschließend neue, sehr problematische Schriften (VA und GS) einzuführen? Ist es sinnvoll, die Orthografieregeln zu missachten, nicht aber die wachsende Anzahl der Legastheniker? Sind die Initiatoren an den dazugehörenden Lehr- und Lernmaterialien beteiligt? Ich hoffe nicht. Und dann auch: Warum werden jährlich viele Millionen Euro in Erwachsenen-Alphabetisierung investiert, jedoch nichts für die Ausbildung der Grundschullehrer zum Schreibenlehren bereitgestellt?

Schafft die Politik die Schrift der Wissenschaft ab? Tut sie das absichtlich, oder bemerkt sie nicht, dass dies geschieht? Warum rebellieren Forscher, Denker und Gelehrte nicht? Seit Jahrtausenden ist die *lateinische* die *Schrift der Gelehrten* und seit 500 Jahren die lateinische *Schreib*schrift in der Schulversion, weil Latein die Sprache des Klerus und der Wissenschaft war. Das ist inzwischen nicht mehr so, die lateinische ist für alle da, sie ist zu einem weltweit ausgeübten, anerkannten Kommunikations-element aufgestiegen.

Aber soll diese Schrift in Zukunft nur noch außerhalb der Schule handschriftlich erlernbar sein, obwohl sie in weiterführenden Schulen verlangt wird? Ein Widerspruch in sich.
Wo bleibt die vielberufene schulische **Chancengleich-heit?** Stellt man sich nun noch vor, dass es dieselben Personen (wie oben) sein könnten, die sich in einem Atemzug **für** *Chancengleichheit unterprivilegierter Kinder,* und **gegen** *Schreib- und Rechtschreib-Erwerb* aussprechen, könnte sich ein weiterer logischer Abgrund auftun.

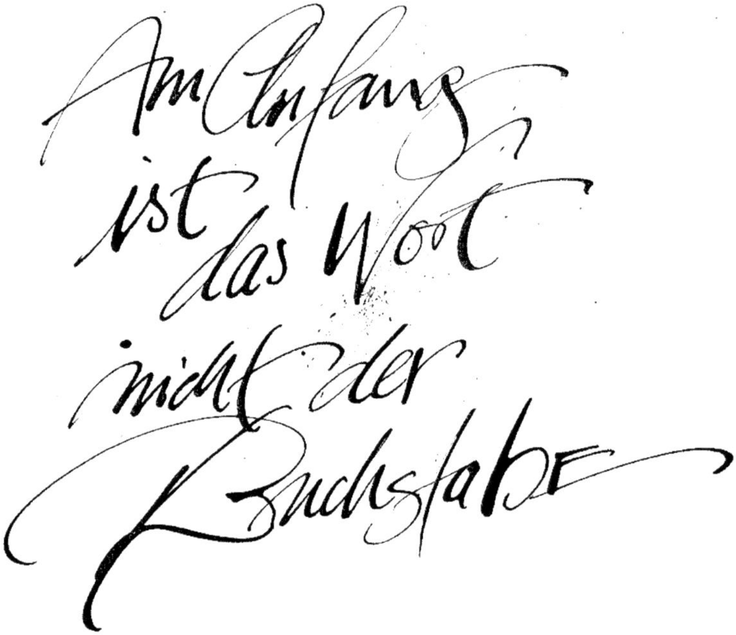

Der Wunsch, seine eigenen Gedanken aufzuschreiben, ist uralt und in aller Welt gleich stark. Von circa 6.000 Sprachen sind etwa zweihundert verschriftet. Der Wunsch, Gedachtes aufzuschreiben, ist intrinsisch, das heißt, er entspringt einem inneren Bedürfnis.
Allerdings stellt sich diesem Bedürfnis etwas in den Weg, das von großer Tragweite ist: das **Zerlegen** der Gedanken in *Zeichen und Regeln.*

Wir denken schnell und regellos. Auch Analphabeten und Kinder denken und sprechen. Wir denken und sprechen in unserem persönlichen Idiom, unserer Mundart. Aber so wird nicht geschrieben. Man schreibt nicht, wie man spricht und denkt. Geschrieben wird in Schriftdeutsch. Sprechdeutsch und Schriftdeutsch unterscheiden sich gravierend voneinander. Schriftdeutschregeln sind erst gut 100 Jahre alt.

Zum besseren Verständnis vorab eine kurze Begriffsklärung: *Schreiben lernen* bedeutet Buchstaben und aufschreiben lernen, das heißt *Handschrifterwerb* in *lateinischer Schreibschrift.* Handschrifterwerb hat nichts mit Kalligrafie und nichts mit Schönschreiben zu tun, nichts mit Formulieren und erst recht nichts mit „Drucken" (dem Aufschreiben unter Anwendung von „Druck"-Buchstaben). Schreiben lernen ist alphabetisieren mittels *Schreib*spracherwerb (nicht zu verwechseln mit Schriftspracherwerb [der ohne Schreibschrift vermittelt wird]). **Ohne das Schreiben**, das Aufschreiben, kann es kein Denken geben, jedenfalls nicht in Kulturen, die Schriftzeichen kennen. Das fand auch *Jaques Derrida*[19]*,* der französische Philosoph heraus. Wir denken zwar immer schneller, als wir schreiben können. Aber die Fähigkeit, Gedanken festhalten zu können, verändert und beeinflusst das Denken grundsätzlich.[20]

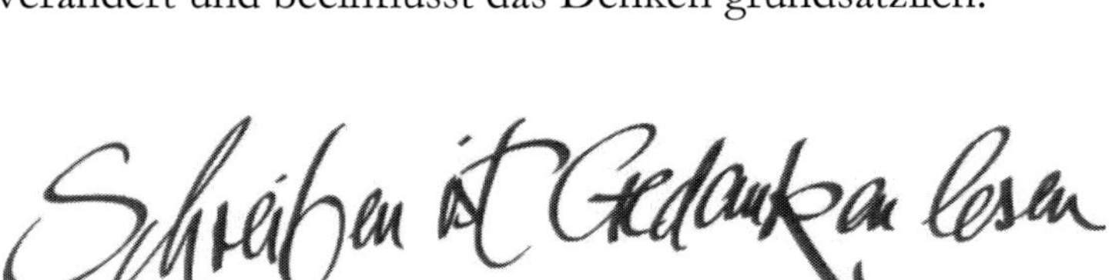
Schreiben ist Gedanken lesen

[19] Jaques Derrida (1930–2004), franz. Philosoph
[20] Prof. Lorenz Engell, Universität Weimar und ZEIT WISSEN Magazin 6/17

Entscheidet sich während des Denkprozesses, dass die Gedanken nicht still bleiben und nicht nur ausgesprochen, sondern aufgeschrieben und konserviert werden sollen, muss der Aufschreibende zuvor **vier Hürden** überwinden: Er muss wissen, wie der Stift geführt wird, er muss die Schriftzeichen beherrschen, er muss wissen, welche Schreibbewegungen richtig sind, und er muss die Rechtschreibung beherrschen. Die Voraussetzungen zum Aufschreiben sind keine unüberwindlichen Hindernisse. Aber: Fällt eine dieser Hürden, fallen alle.

Dabei ist auch mitbestimmend, wie und womit geschrieben wird, weil auch das Werkzeug und die Bewegungstechnik die Gedanken beeinflussen. Als Friedrich Nietzsche, der Philologe und Philosoph, seine Sehkraft verlor und von der authentischen Handschreibtechnik auf die Schreibmaschine wechseln musste, schrieb er viel langsamer als zuvor und natürlich fehlerreich.[21] Er stellte fest:

„UNSER SCHREIBZEUG ARBEITET MIT AN UNSEREN GEDANKEN.“

(Anmerkung: Die Maschine war auf Großbuchstaben ausgelegt.) Aufschreiben mit der Hand ist die manuelle Technik des Ineinanderübergehens der Buchstaben zwecks Bildung eines Wortes. Es ist das Ergebnis eines Denkprozesses, dem ein visuell-manuell basiertes Darstellungsereignis nachgeordnet ist.

---

[21] http://www.zeit.de/2003/44/ST-Nietzsche

Darum sollen die speziell entwickelten Schreibelemente punktuell mehr oder weniger sichtbar ineinander übergehen, um auf diese Weise den natürlichen Denkstrom zu imitieren.

Schreibschriftunkundige „Wissenschaftler" verkünden zwar, es würde reichen, Druckbuchstaben irgendwo hier und dort nach Gefühl zu verbinden, um „flüssig" schreiben zu können. Das ist jedoch angesichts der *geistigen Assistenz,* welche die Schreibschrift leistet, blanker Unsinn.

Wir denken fließend und in ganzen Begriffen, nicht in Einzelbuchstaben. Und so soll auch aufgeschrieben werden. Darauf basiert die *Maxime der lateinischen* **Schul***schreibschrift.* Nach deren Prinzip soll noch heute an allen deutschen Schulen gearbeitet werden.

Genau genommen ist die *lateinische Schulschreibschrift* keine Schrift in typografischem Sinne, denn sie soll ja nicht wie typografische Druckschrift in ihrer Urform genutzt, sondern abgeschrieben und durch Kinderhände verändert werden. Demzufolge ist sie eine für den Schulunterricht erdachte Orientierungshilfe. Das heißt, sie ist die *technisch-elementare Voraussetzung* dafür, dass fließendes Aufschreiben gelingt. Schreiben soll als *harmonisierender Vorgang* wahrgenommen werden, dem durch das Zerlegen in Zeichen und Regeln kein gedanklicher Schaden zugefügt wird. Anders gesagt: Diese Schrift ist das *Buchstaben-Fließband,* das hilft, den ursprünglichen Gedanken sichtbar werden zu lassen. Denn am Anfang ist ja das gedachte Wort, nicht der Buchstabe.

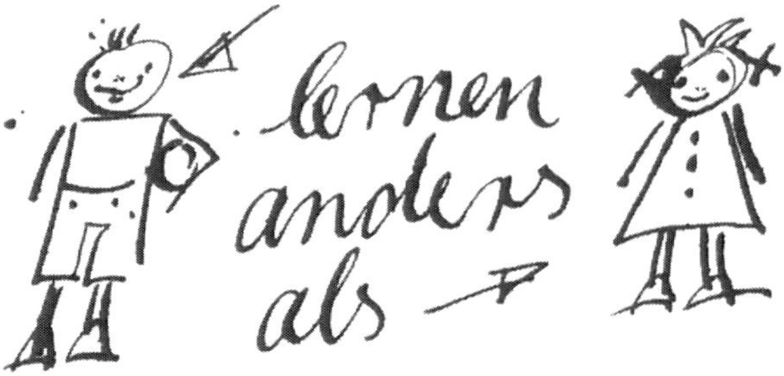

Jungen lernen anders als Mädchen!

Jungen denken systematisch und möchten strukturierte Verhältnisse. Vor allem in der Schule. Sie stellen Fragen, die sie beantwortet haben möchten. Bleibt man ihnen die Antworten schuldig, verlieren sie die Lust am Lernen. Alle – auch Erwachsene – lernen durch Erkenntnisse. Alphabetisieren ist da keine Ausnahme. Wer das nicht befolgt und Schüler im Unterricht sich selbst überlässt, führt die ihm anvertrauten Kinder in die Irre. Was leider allzu oft geschieht.

Die sechs häufigsten Schülerfragen

Warum kann ich nicht schreiben?

Antwort: Du kannst schreiben. Dir wurde die *Technik des Schreibens* nur nicht richtig erklärt. In der Schule musstest du dir wahrscheinlich zuerst die Leseschrift (die auch Druck- oder Buchschrift genannt wird) selbst beibringen und dann musstest du allein eine Schrift einüben, die keine Schreibschrift ist. Schreiben hast du also nie gelernt. Deine Handschrift wartet noch auf dich.

Wie funktionieren Buchstaben?

Antwort: Wir denken in Begriffen, die aus Lauten zusammengesetzt sind. Das nennen wir *sprechen* und *Sprache*. Laute sind Sprachzeichen, die *Buchstabe* heißen. Buchstabenlaute werden beim Sprechen zu einem Begriff, einem Wort-„Bild“ zusammengezogen, wie zum Beispiel das Wort **ich**. *Ich* wird nicht „ih-zeh-ha“ gesprochen, sondern „ij“ – und das Wort wird geschrieben, wie man es denkt: *in einem Zug* … nicht abgehackt i-ce-ha. Und weil du mit der Hand so schnell schreiben willst, wie du denkst, muss es zwischen den Lauten eine Brücke geben, **über die der Lautklang in den anderen hineingleiten kann**. Du schreibst **ich** so, wie du **ich** denkst, als drei ineinanderfließende Laute.

Warum schreiben wir überhaupt?

Antwort: Weil wir unsere eigenen Gedanken festhalten möchten und um neue Gedanken folgen zu lassen … um uns zu erinnern … um eigene Gedanken anderen Menschen zeigen zu können.

Warum muss man Buchstaben verbinden?

Antwort: Damit die Wörter so fließen, wie die Gedanken fließen und wir den Gedanken so schnell wie möglich neue folgen lassen können. Die Verbindung zwischen den Buchstaben macht das Schreiben schnell. Schreiben ist *denken in einer ununterbrochenen Linie*. Auch dort, wo die Zeichen auf dem Papier nicht verbunden sind, fließt der Gedanke in der Bewegung des Stiftes weiter, so dass die Linie „unsichtbar" weitergeschrieben wird. Die Verbindung ist der Zündschlüssel für Schnellschreiber.

Warum muss man auf einer Linie entlang schreiben?

Antwort: Auf einer geraden Straße fährt es sich leichter als auf einer kurvigen Berg-und-Tal-Bahn. Ebene Strecken sind die effizientesten (schnellsten) – darum musst du bei **b, o, ö, r, v, w** und **x** (die oben verbunden werden) aufpassen. Die Orientierung bleibt aber immer bei der Grundlinie.

Warum muss ich mit Füller schreiben?

Antwort: Musst du nicht. Mit Füller schreiben ist ein deutsches Phänomen. Tintenroller – ohne Griffmulden! – sind für Jungs genauso gut.

Dass viele Jungen unter dem absenten Schreib-Rechtschreibunterricht besonders zu leiden haben, ist kein Geheimnis. Jungs sind keine Mädchen (sic!). Sie lernen anders. Sie setzen sich nicht hin und üben *schönschreiben*. Das sagt ihnen nichts. Sie wollen wissen, *warum* sie etwas tun sollen und *was* sie davon haben. „Eine schöne Handschrift" ist kein jungenhaft vielversprechendes Ziel. Wird ihnen hingegen das Schreiben richtig erklärt, kann jeder Junge sich (auch später noch) eine gute Schreibtechnik aneignen.

Und was sagt die Neurobiologie dazu?

Die sagt, dass schlechte Handschriften auch bei Jungen keine Veranlagung sind und dass es die grafomotorische Störung beziehungsweise die Schreibschwäche nicht gäbe, brächte man den Kindern schreiben gleich richtig bei. Kinder lernen immer nur das, was ihnen angeboten wird. Die „Störungen“ und „Schwächen“ werden Kindern erst durch falsche Information antrainiert. Gehirne nehmen, was kommt, und verschalten. Nervenzellen im Gehirn können nicht wählen und schon gar nicht selbsttätig korrigierend eingreifen und verbessern, dazu fehlt ihnen die Voraussetzung. Sie stellen ausschließlich Verbindungen her und sorgen dafür, dass Informationen fließen. Das allein ist ihre

Aufgabe. Stellen Sie sich vor, Neuronen und Synapsen funktionierten in etwa wie Stecker und Dosen, die zusammengefügt werden müssen, damit der Strom fließt. Ob mit dem Strom anschließend der Backofen, die Bohrmaschine oder eine Zahnbürste betrieben wird, steht nicht in der Macht von Stecker, Dose und Strom. Stellt sich später heraus, dass der Mensch sich mit der Bohrmaschine rasiert, den Kuchenteig mit der Zahnbürste rührt und die Backofenschnur dem Kühlschrank gehört, dann kann man daraus nicht einfach eine „motorische Stromstörung" machen und hoffen, alles regelt sich von allein. Genauso ist es mit dem Schreibenlernen. Im Kopf verschalten sich Synapsen buchstäblich – in bestem Sinne des Wortes – nur nach Vorschrift. Eine verknüpfte Schreibbewegung, die sich im Ergebnis als falsch herausstellt, ist nicht die Schuld des Gehirns. Es ist der Fehler des Lehrers, der Lehrerin, der Eltern oder der Erzieher, es ist *nicht* die Schuld oder der Fehler des Kindes.

Das bedeutet, Schüler machen keine falschen Schreibbewegungen, sondern nur die, die sie gelernt haben (oder sich selbst beibringen mussten). Sie hatten vorher keine Störung, aber hinterher auch nicht und ganz gewiss handelt es sich um keine krankhafte Veranlagung. Erwachsene müssen bei Kindern das korrigieren, was ihnen selbst zuvor falsch beigebracht wurde. Deutlicher noch: Wer Schulanfängern *Druckschrift malen* als schreiben lernen verkauft und es kurz darauf wieder verbietet, um nun das richtige Schreiben zu lehren, der verursacht bei Kindern Schrei(b)krämpfe.

Für Jungen wäre schreiben lernen kein Problem, hielte man es beim Schreibunterricht wie beim Sportunterricht. Dort boxt nicht Frau gegen Mann – dort bleibt man unter sich. Weil Männlein und Weiblein naturgemäß unterschiedliche Voraussetzungen mitbringen, wird konsequent zwischen den Geschlechtern unterschieden: Jungen laufen schneller als Mädchen, können weiter springen und schwerere Gewichte stemmen, deshalb verläuft zwischen den Bewertungskriterien eine unsichtbare Mauer. Wieso nicht auch beim Schreiben? Wieso gilt die Durchschnittsgeschwindigkeit der Mädchen beim Erlernen des Schreibens als Standard für Jungen? Müsste dann folgerichtig nicht auch der nächste Marathonlauf nach diesen Kriterien bewertet werden – dieser und alle anderen Disziplinen, in denen Frauen aufgrund ihrer angeborenen „Leistungsschwäche" gegen Männer chancenlos wären und permanent verlieren würden? Vielleicht wäre eine solche Vorführung mal ganz sinn- und wirkungsvoll. Denn dann würden die Frauen und Mädchen endlich nachfühlen können, wie frustriert und deprimiert viele Jungen durch die Schulzeit gehen. Jungen mit schlechter Schrift müssen in jedem Schulfach mit Punktabzug rechnen und ihre schulische Leistung wird deshalb oft nicht so bewertet, wie es ihrer intellektuellen Leistung entspricht.

Die Erkenntnis, dass Jungen physisch und psychisch anders beschaffen sind als Mädchen, ist so alt wie die

Menschheit. – Wieso wird dieses Wissen beim Schreibenlernen außer Kraft gesetzt?
Dass so furchtbar viele Jungen zu Schreibverweigerern werden und Angst vorm Schreiben haben, ist also keine Frage kollektiver Minderbegabung, zurückgehender männlicher Intelligenz oder gestörter Sensomotorik. Es ist ganz einfach – und ich weiß, das hört sich nicht gut an –, aber es ist tatsächlich das Resultat *fehlender Rücksichtnahme* auf die Jungen.

Schreiben verstehen

oder:

Tief im Herzen stecken immer noch Hammer und Meißel!

Richtig *sehen* kann man, was man fühlt, ja nicht. Beim Schreiben jedoch erkennt man zumindest die innere Bewegung an der Art, wie man schreibt. Die innere Bewegung wird zur äußeren. Das lässt sich leicht überprüfen: Ist man beunruhigt und das Herz klopft vor Aufregung, dann zittert die Hand ganz leicht und man kann nicht ruhig schreiben, sondern nur zittrig, ist man fröhlich, kann man auch nicht ruhig schreiben, sondern nur fröhlich, und wer traurig ist, schreibt eben traurig. Und wer angeschnauzt wird: „Schreib leserlich!", der fühlt sich schlecht und schreibt erst recht schlecht. Schreibende Leute sollte man deshalb in Ruhe lassen und nicht „mal eben" stören. Denn

Schreiben ist *Apperzeption,* ist bewusste Aufnahme und Umsetzung des temporären Inhaltes eines Erlebnisses, einer Wahrnehmung oder Gedankens in Fließbewegungsschrift. **Schreiben ist Eindruck und Ausdruck zugleich.**

Obwohl Deutschland der Handschriftwelle, die vor 30 Jahren aus den USA zu uns herüberschwappte, immer noch mit gewisser Hilflosigkeit und Zurückhaltung begegnet, setzt sich der Wunsch vieler Menschen, „etwas mit Handschrift zu machen“, immer mehr durch. Handschrift darf aber nicht mit *Kalligrafie* oder dem neuen Hobby *Handlettering* verwechselt werden. Handlettering ist gemalte Typo, das heißt, es werden mit der Hand oder am PC einzelne, verzierte Schmuckbuchstaben diverser Schrifttypen zu einem Buchstabenbild zusammengestellt. Kalligrafie entsteht mit Bandzugfeder und Buchstaben historischer Schriften oder sie ist als „dekoratives Blatt“ konzipiert (häufig wird die Schrift mit Blei- oder Silberstift vorgezeichnet). Ebenso gibt es kalligrafische Fonts (digitale, mehr oder weniger schnörkelige Satzschriften), die zunehmend in der Werbung Verwendung finden. *Spontan geschrieben* wird keine dieser Hobby- oder Berufs-Buchstabenspielereien, und sie dienen auch nicht als Denkwerkzeug. Handschrift hingegen wird spontan geschrieben und spiegelt Authentizität. Das verleiht ihr ein Alleinstellungsmerkmal. Darüber hinaus gibt es noch die Handschrift-*Ausdruckskunst (japanisch: Sho-dō: Weg des Schreibens)*, die lebenslanges Training erfordert.

Chinesen und Japaner erkannten die Faszination des Handschreibens schon von Anfang an, und seit Jahrtausenden pflegt jede Kultur seine eigene Schreibkunst-*Hochkultur*. Deutschland hat gar keine.

Und das wundert auch nicht, schaut man sich die Schreibgeräte an. China startete mit Pinsel, Europa schlug mit Hammer und Meißel auf Stein ein. China schrieb *Kanji* (Piktogramme, Begriffsbilder), Europa entwarf ein Alphabet aus phonetischen Zeichen, die *römischen Capitalis*[22] (Großbuchstaben). Erzeugten Chinapinsel authentische, spontane, individuelle, emotionale und wunderbar asymmetrische Schreibspuren auf Knochen und flexiblem Beschreibstoff, so verfertigten Europäer genau das Gegenteil: tiefe, präzise Einkerbungen in Stein und Wachs. Die Basiswerkzeuge und die Darstellungsansprüche konnten unterschiedlicher nicht sein. Schrieb der eine fließend von oben nach unten, ritzte der andere akribisch statische Einzelzeichen von links nach rechts.

Doch **Buchstaben gravieren** ist nicht *fließend schreiben!* Das ist der Unterschied: Wo der eine sanft pinselt, schlägt der andere zu. **Hämmern ist nicht denken!**

Dass hier **zwei grundverschiedene** *Wege nach Rom führen,* ist unverkennbar. Der eine bleibt „in Fluss“, wertschätzt

[22] www.typolexikon.de/capitalis-monumentalis

und schult die *authentische Bewegung* (Perfektion im Schreiben ist kein Ziel), der andere präferiert das **akkurate Ergebnis**, die „Schönschrift".

Der Weg dorthin, die **Ausführung**, die das Ergebnis erst hervorbringt, **wird bei uns überhaupt nicht beachtet**. Es wird so getan, als gäbe es diesen Entstehungsprozess gar nicht. **Einzig das exakte Ziel zählt.**

Schreiben besteht aus einem kontinuierlichen Prozess, der bestimmt das Wesen des Schreibens. Dieser Entstehungsprozess bringt Ausdruck und Inhalt zusammen. Ohne ihn fließt kein Gedanke zu Papier.

Vielleicht würde es helfen, den gewinnbringenden Unterschied der beiden Kulturen zu verstehen, wenn man das Aneinanderreihen einzelner Schriftzeichen nicht *schreiben* nennt, sondern „schriften". *Schreiben* entsteht und lebt aus den fließenden Gedanke-Hand-Bewegungen heraus. Ganz im Gegensatz zum Umgang mit Einzellettern. Die können genauso gut durch Zeichnen, Einritzen, Tippen und, seit Gutenberg, auch durch „Drucken" entstehen. „Entstehen" setzt aber noch nicht einmal die *eigenen* Gedanken voraus. Man kann auch fremde Gedanken drucken (verschriften). Kurz gesagt: **Der Osten schreibt, der Westen schriftet.**

Das war so bis vor 500 Jahren. In dem Moment, als die *Schreibschrift* als Werkzeug für den *persönlichen Gebrauch* in der westlichen Welt Einzug hielt, hätte es zu interkultureller Überschneidung oder zumindest zu geistiger Berührung dieser beiden, so gegensätzlichen Schreibkulturen kommen können. Kam es aber nicht.

Weil tief im Herzen der westlichen Schriftkultur Hammer und Meißel steckten, und Akkuratesse und Angst vor der eigenen Courage die Federn führten, verhinderte die mentale Einstellung **„Sorgfalt statt Vielfalt“** eine Schreibkultur, die auf Authentizität und Spontaneität basiert.

Hätten unsere Vorväter einen Blick über den Tintenfassrand hinüber nach China, Korea oder Japan getan, sie hätten erkannt, dass Schreibenlernen nicht allein mit spitzer Feder und Lineal (und schlagen auf Kinderfinger) zu bewerkstelligen ist. Buchstaben *selbst schreiben* heißt nicht „selbst meißeln“. Wenn Handgeschriebenes aussehen soll wie gemeißelt oder gestochen, ist der Mensch dahinter nicht mehr spürbar. Er ist dann sozusagen weggemeißelt oder weggestochen worden.

Die Digitalisierung als Grund für die Beendigung des Schreibunterrichts ist wohl nur eine Alibibehauptung und Camouflage für Schreib-Inkompetenz. Denn das Tippen auf der Tastatur ist doch ganz offensichtlich ein Gewinn. Würde man es nicht als „Kriegsspielzeug“ gegen die Handschrift einsetzen, gäbe es diese lästigen Diskussionen in den Medien, Rathäusern und Schulen nicht. Bei dem Stress und Chaos, dem Schulkinder beim Erlernen ihrer Handschrift ausgesetzt sind, ist wohl zu erwarten, dass es krankmacht. Möglicherweise täte es der Sache auch gut, führten sich Wissenschaftler und Politiker vor Augen, dass die Kinder von heute die Erwachsenen von morgen sind.

Oder tun sie das gar und planen sie den verunsicherten Bürger, den, der nicht richtig lesen, schreiben und rechnen kann? Es schaut fast so aus.

Wer nichts über Schreiben weiß oder es nicht kann, oder beides, der versteht nur „Buchstabe“, wenn von Schreiben die Rede ist. Mehr nicht.

Das Aneinanderreihen einzelner Buchstaben, egal ob auf der Tastatur, mit der Kalligrafiefeder oder als „Druckschrift“-Gekliere in der Schule, wird zwar euphemistisch als „schreiben“ bezeichnet, erfüllt die Charakteristika des Schreibprozesses, *authentisch, spontan, individuell, emotional und asymmetrisch,* jedoch nicht im Geringsten.

Der Westen hat zwar die Buchstaben, nicht aber das Schreiben hervorgebracht. Buchstaben sind neutral, statisch, uniform, emotionslos und symmetrisch. Damit lässt sich keine menschliche Authentizität erzeugen. Doch darüber denkt man hier nicht nach: Fast alle Menschen glauben zu wissen, was Schreiben ist und was davon zu halten ist. Und so schätzen sie auch die sino-japanische Schreibkunst so gering, dass sie ihr den westlichen Lapidarbegriff[23] *Schönschreiben* oder *Kalligrafie* überstülpen[24], ohne zu ahnen, dass sie damit eher **Hybris als Kenntnis** offenlegen.

---

[23] Lapidar (lat.: *lapi* - Stein, ergo: [wie] in Stein gehauen)

[24] Reinhard Döhl: Zur Eröffnung der Ausstellung Kei (Okei) Suzuki: *SHO;* 2000

Sino-japanischer Mentalität ist Schnickschnack-Schreiberei und leblose Darstellungstechnik fremd.

Es würde vor allem den späteren Erwachsenen (die jetzt noch zur Schule gehen) helfen, wenn Bildungspolitiker, Wissenschaftler und Lehrpersonal sich möglichst bald vom *„Hammer & Meißel"-Bewusstsein* trennten, um sich einer humanen und zugewandten Schreibkultur zu öffnen.

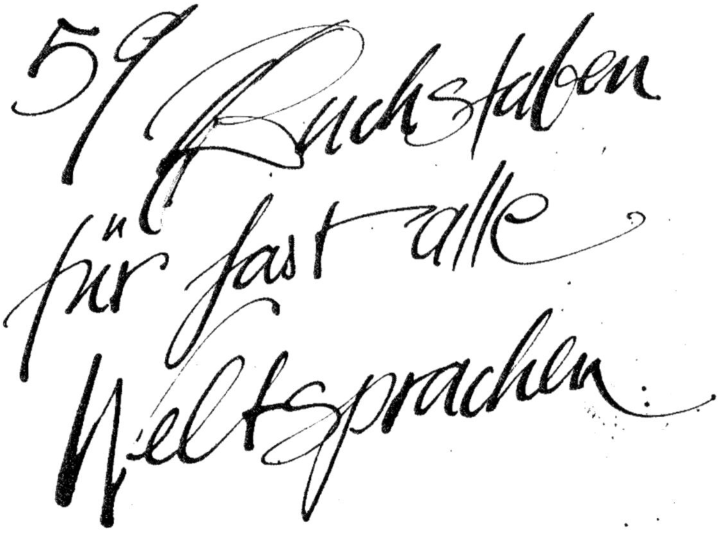

Gebildete Chinesen brauchen etwa 3.000 Zeichen, um schriftlich kommunizieren zu können.

3.000 Schriftzeichen -das hört sich viel an. Und man weiß ja, dass das ein sehr kompliziertes und äußerst schwer zu beherrschendes Schriftsystem ist. Warten Sie ab, Sie werden überrascht sein, wie kompliziert dagegen erst das lateinische Buchstabensystem ist!

Im Vergleich mit den Wortzeichen der Chinesen haben unsere Buchstaben den Vorteil, dass sie nicht so festgelegt sind wie Bilder: Wer in Deutschland schreibt, dass er Fische fangen will, malt nicht mehrere Fische und das Zeichen für Wasser, sondern schreibt zwei einfache Wörter: *Fische fangen.*

Das scheint ein simples System zu sein. Ja, aber nur für den, der die Schriftzeichen beherrscht und weiß, wie *Fische fangen* richtig geschrieben wird. Für Kinder, die das Schreiben erst lernen, ist das absolut „uneasy“, für sie ist *Fische fangen* schreiben eher apokalyptisch!

„Schreiben lernen ist doch einfach“, meinen einige Leute, „das Abc hat schließlich nur 26 Buchstaben!“ Das ist falsch: Das deutsche Abc hat 59 (30 Klein- und 29 Groß-)Buchstaben, die auf **bestimmte Weise kombiniert** werden müssen, wenn sie ein richtiges Wort bilden sollen. Das aber ist so kompliziert, dass es keinen Menschen gibt, der keinen Fehler macht.

Wo ist da das Leichtsein für Schulanfänger?

Nirgends.

Schreiben lernen ist immer auch gleichzeitig Rechtschreibung. Schreiben lernen ist duales, also zweigleisiges Lernen, das eine funktioniert nicht ohne das andere, und das *Abc* allein bringt Kinder nicht weit.

Wie weit sie damit kommen, habe ich getestet. Ich habe alle 59 Buchstaben paarweise aufgeschrieben, von *aa, ab, ac … ba, bb, bc … bis zz und Aa, Ab, Ac … Ba, Bb, Bc …* bis *üß*. Dabei sind alle möglichen und unmöglichen Kombinationen herausgekommen: 30 mal 30 Kleinbuchstaben (900) plus 29 mal 30 (870) Groß- mit Kleinbuchstaben sind 1.770 Verbindungsmöglichkeiten. Die 1.770 Buchstabenpaare ergeben aber nur verblüffend wenig Wörter: ab, da, er, es, so, in, im, am, an, ja, Nu, oh, ob, Po, wo, zu usw. – mit denen man aber kaum etwas anfangen kann.

Vielleicht geht es Ihnen angesichts der vielen Buchstabenpaare wie mir.

Mich hat dieser Test beeindruckt: Denn mit 1.770 2-Buchstaben-Zeichen (egal ob sie im Deutschen Sinn machen oder nicht) haben wir ja schon über die Hälfte der 3.000 chinesischen Zeichenanzahl erreicht. „Was sind 3.000 Pinselschrift-Schriftzeichen“, dachte ich, „wenn man sich dagegen die Anzahl der 3-Buchstaben-Wörter vorstellt oder an Zeichenkombinationen denkt wie *Jahresendabrechnungsrhythmus, Donaudampfschifffahrtsgesellschaftsraddampferkapitänskajütentürsicherheitsschlüsselanhängerring* oder *Desoxyribonukleinsäure (DNS)*, da kommen Chinesisch-Schüler mit dem Einüben von nur 3.000 Zeichen doch noch ganz gut davon!“ Das meine ich nicht herabsetzend. Ich will ihre Leistung nicht kleinreden. Im Gegenteil.

Ich denke, dass wir die aufrichtige Wertschätzung und den Respekt, den wir Chinesen-Kindern wegen der *3.000-Schriftzeichen-schreiben-können-Leistung* entgegenbringen, auch gegenüber all jenen Kindern aufbringen sollten, die das Zahllose-Wörter-schreiben-Können an deutschen Schulen üben möchten und würden, überließe man sie nicht hilflos sich selbst.

Kinder, die über eine unlesbare Handschrift verfügen, weil ihnen niemand das Schreiben erklärt hat, und die sich in der Schule eine falsche Schrift und falsche Wortschreibungen aneignen mussten, können ihre Handschrift und Orthografie nicht „verbessern“, und sie sollten dies auch nicht als Motiv für das Erlernen der lateinischen Schreibschrift im Kopf haben. Stattdessen müssen sie wissen, dass sie eine ganz neue Schreib**technik** lernen. Keine Schrift, sondern **eine Denktechnik, die auch auf fast alle Weltsprachen-Alphabete übertragbar ist.**

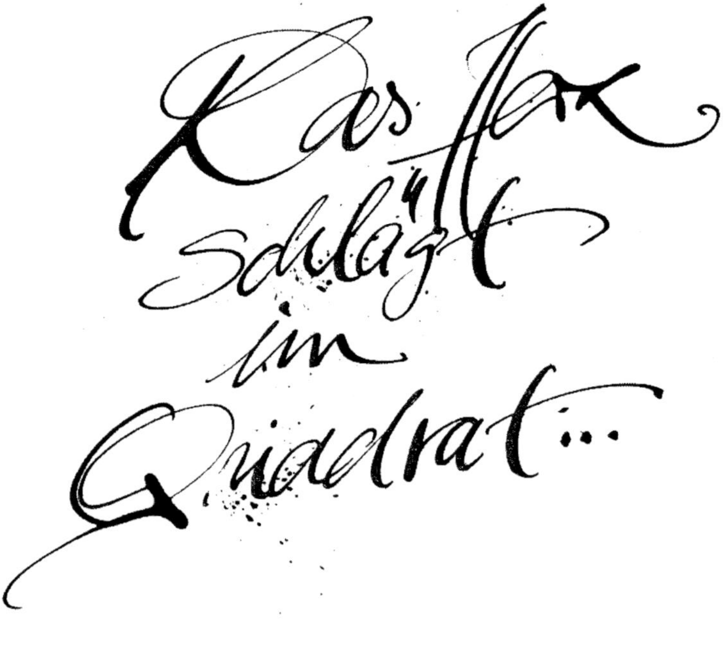

oder:

Die neuronale

Zweifach-Prägung

Hören. Sehen. Bewegen.

Chinesen, deren Schriftzeichen bekanntlich sehr komplex sind, üben ihre Zeichen zunächst separat in einem Viereck, bevor sie ihr Geschriebenes anderen Menschen zum Lesen anbieten. Ich kenne das aus meinem eigenen Chinesisch-Studium, habe es ausprobiert und fand es auch aus typografischer Sicht sehr logisch.
Das Schreiben auf einer Grundlinie, wie wir es kennen, war früher in China nicht üblich, die Schriftzeichen (Kanji) wurden damals von oben nach unten gelesen. Bis vor ca. 50 Jahren schrieb man sie ausschließlich in langen Kolonnen senkrecht untereinander. Das wird aber bisweilen – vorangetrieben durch die digitale

Kommunikation – inzwischen westlichen, von links nach rechts auf einer Linie, Schreib- und Lesegewohnheiten angepasst.

Übt man das Gelingen eines Schriftzeichens zunächst im Quadrat, hat das mehrere, äußerst wertvolle Vorteile: den **gestalterischen,** den **mentalen** und den **neuronalen.**

Der gestalterische Aspekt ist schnell erklärt: Alle Schriftzeichen der Welt, ob chinesische, arabische, kyrillische oder lateinische, bestehen zwangsläufig aus zwei zusammengehörenden, sich gegenseitig bedingenden Formen, einer „aktiven“ und einer „passiven“. Mit „aktiv“ bezeichnet man die, die durch Aktion sichtbar wird, die passive entsteht quasi *nebenbei,* sie ist das „leere Drumherum“, das sich aus dem Weiß ergibt, auf dem der Buchstabe „steht“. Dieses „Drumherum“ nimmt die westliche Seh- und Denkweise *nicht bewusst* wahr. Für die Wirkung der Schrift ist die „Leere“ aber genauso wichtig wie das Geschriebene selbst. Denn beide, die aktive (positive) und die passive (negative) Form, sind *de facto* aufeinander angewiesen, weil beide das Design der Zeichen bestimmen. Chinesen wissen das und wertschätzen es entsprechend. Sie lernen es von Kindesbeinen an und verfügen infolgedessen über ganzheitliche Formwahrnehmung.

Wenn das Viereck den Aufbau chinesischer Schriftzeichen definieren hilft, ist es auch gut für unsere lateinischen Buchstaben, dachte ich mir und übertrug das Kästchenprinzip auf das Alphabet der Schulschreibschrift.

Werden Buchstaben in Quadraten geübt, lässt sich jede einzelne buchstabentypische Bewegung genau beobachten. So lernt man sie schneller und merkt sie sich besser als auf der Linie. Heftlinien sind nur „dünne, endlose Striche". Später, aber erst wenn die Buchstaben „sitzen", wird natürlich auch auf Linien geschrieben.

Bis dahin ist das Quadrat mit seinen vier Wänden das Zuhause der Schriftzeichen. Es gibt dem Lernenden Sicherheit, und *so* ungewöhnlich, wie es scheint, ist das Quadrat ja nun auch wieder nicht. Als Schulkinder lernten wie das In-Kästchen-schreiben-Prinzip beim Rechnen kennen. Diese kleinen Quadrate heißen Rechenkästchen.
Wer die Schriftzeichen – egal in welcher Sprache – nicht oder falsch lernt, kann weder lesen noch schreiben. Buchstaben **lernen** heißt, sie **hören und sehen** zu können. Buchstaben **verstehen** heißt, sie **hören, sehen und deuten** zu können, so dass *phonetisch bekannte Wörter verstanden* werden (das ist *lesen)*. Buchstaben **anwenden** können heißt, **hören, sehen und selbst koordinieren** zu können – das ist *schreiben.* **Mit der Hand schreiben** bedeutet, Buchstaben *hören, sehen und bewegen zu können (kurz: hösebe).* Dem Schreiben**können** gehen also logischerweise das Lernen, Verstehen und Anwenden der Lettern voraus. Denn nur wer die Schriftzeichen beherrscht, kann auch schreiben lernen. Umgekehrt wird kein Schuh draus.

Das Arbeiten im Quadrat bündelt die Konzentration so stark, dass während der Übungen *zeitgleich drei Aktivitäten verschaltet* werden: *Sehen, Hören, Bewegen.*

Diese drei koordinieren sich und prägen sich unbewusst als Einheit und als *zum Buchstaben gehörend* ein.

Dieser Vorgang ist elementar!

- **Hö**ren heißt den *lettertypischen Klang aufnehmen und wiedergeben* können.
- **Se**hen heißt erstens die *Form erkennen* und zweitens *sehend verfolgen*, welche *Bewegung vollzogen* werden muss, um diese bestimmte Form zu erzeugen.

- **Be**wegen ist *koordinieren von Stifthandhabung und Schreibbewegung,* um Form und Proportion des Zeichens richtig wiedergeben zu können.

Wie funktioniert das und **was geschieht im Inneren des Quadrats?**
In den Quadraten konzentriert sich alles, was Schreibenlernende über jeden einzelnen Buchstaben wissen müssen.
Und das funktioniert so:
Das **weiße Innere** ist die Trainingsfläche und der **schwarze Rahmen** ihre Begrenzung. Das Viereck wirkt wie ein Passepartout, wie ein Bilderrahmen. Die Schreibenden schauen konzentriert, wie durch ein Fernrohr *auf das Ziel gerichtet,* in ein Quadrat, wo sozusagen *auf den Punkt genau* gearbeitet und gesehen wird, wie ein Buchstabe entsteht. Der Blick richtet sich auf den Bewegungsablauf des Handschriftzeichens. So werden die Augen zu „Gehirn-Teleskopen" und Hauptakteuren des Buchstabenverstehens. Und dieser Zusammenhang, das Miteinander von *Handbewegung und Stiftbewegung* wird zu einem **visuellen Aha-Erlebnis**.

Sobald die Spitze des Bleistifts auf das weiße Feld gesetzt wird, entsteht ein Punkt. Dieser *Punkt auf weißer Fläche* hat schon Geschichte geschrieben. Es ist der Punkt, vor dem

sich Schriftsteller, Maler, Zeichner und viele andere sensible Menschen so fürchten, dass sie erstarren und so blockiert sind, dass sie das Gefühl haben, *nichts* mehr zu können.
Kindern kann es genauso gehen.
Sie stehen am Anfang ihrer eigenen Handschrift, und dieser Zeitabschnitt ist vollgestopft mit haushohen Hürden, die selten richtig eingeschätzt werden.
„Wo soll ich anfangen?“ – das ist die entscheidende Frage – „Wo kann ich auf der weißen Fläche den ersten Punkt setzen – wo ist es richtig?“
„Irgendwo“, rate ich, „fangt irgendwo an. Danach kann man beurteilen, ob die Stelle richtig war oder ob bei der nächsten Übung noch etwas korrigiert werden sollte.“
Die Frage „Wo soll ich anfangen?“ ist der spannendste und zugleich ein sehr förderlicher Moment, weil er die Entscheidungsfreude ankurbelt. Man muss sich entscheiden, sonst kommt man nicht voran. Sogar auch der, der die erste Entscheidung korrigieren muss, kommt ans Ziel. Anfangen ist das Wichtigste.
Zaghafte, zögerliche Schreiber dürfen im *letzten* Quadrat der Seite anfangen und sich zum *ersten* vorarbeiten. Sie können auch in der Mitte anfangen, aber sie sollten immer in nebeneinanderliegende Kästchen schreiben, weil die Zeichen dann besser verglichen werden können.

Wichtig ist, dass Schreibende lernen, mit dem Zögern umzugehen. Sie dürfen natürlich ermutigt werden, sollen aber immer selbst entscheiden, wo sie anfangen. Sobald mit „gut gemeinten" Ratschlägen und Tipps in den Vorgang eingegriffen wird, ist der Selbstfindungsprozess unterbrochen. Die erfolgreiche Überwindung eines Zweifels stärkt das Selbstwertgefühl. Und auch *darauf* kommt es an. Deshalb ist es wichtig, dass man von Anfang an mutig drauflosschreibt, sobald der erste Punkt ins Kästchen gesetzt wurde – denn auf den ersten Punkt folgt die Bewegung.

Um die richtige Bewegungsabfolge jedes einzelnen Buchstabens und den Übergang zum nachfolgenden deutlich zu machen, habe ich sie in „Bausteine zerlegt" und mit *Pfeilen in Schreibrichtung* versehen.
Viele Buchstaben werden, obwohl sie ähnlich klingen, unterschiedlich geschrieben, zum Beispiel *Ente* und *Ärmel* oder *ab* und *ap*, deshalb ist es sehr wichtig, dass niemand beim Schreibenlernen sich selbst überlassen beziehungsweise alleingelassen wird. Die Buchstaben sollen von einem Erwachsenen möglichst vorgeschrieben und erklärt werden. Dabei muss darauf geachtet werden, dass die Bewegungen „rund fließend" und „wie aus einem Guss" sind. Es ist entscheidend, dass die Fließbewegung schon bei Einzelbuchstaben geübt wird, weil diese „runde" Bewegung als Überleitung zum nächsten Buchstaben dient.

Um die Bewegung zu verstehen, kann es sinnvoll sein, ein *ee* – also ein doppeltes *e* oder auch ein (dreifaches) *eee* zu schreiben. Aber bitte keine Endlosschleife wie *eeeeee* – die kommt in unserer Sprache nämlich nicht vor. Und daran sollten wir uns halten.

Wichtig: Weil alle Menschen unterschiedlich schnell sind und unterschiedliche Bewegungsabläufe präferieren, darf es beim Schreibenlernen **kein Konkurrenzverhalten** und **keinen Leistungsdruck** geben. Entscheidend ist nicht, was pro Tag und Woche erreicht wird, sondern dass am Ende der Übungszeit die Buchstaben weitestgehend beherrscht werden und man sich mehr und mehr nur noch der Rechtschreibung widmen kann.

Manche Schreiber haben schon nach einer Seite, also nach 24 Wiederholungen, den Bewegungsablauf des Buchstabens erkannt, manche brauchen anfangs etwas länger. Die Dauer der Übung sagt nichts über die Funktionstüchtigkeit der Sensomotorik aus, weil es hier um das Koordinieren von Bewegung und Wahrnehmung und nicht um Geschwindigkeit geht. Die Leistungen sind individuell und untereinander *nicht* vergleichbar. Alle Menschen brauchen während dieses Vorgangs Ruhe und dürfen nicht gestört oder gar angetrieben werden. Sie müssen sich den Koordinierungsprozess *einprägen*, und dafür muss man ihnen so viel Zeit geben, wie sie brauchen. Erwachsene, die ungeduldig in diesen Prozess eingreifen und „mehr Mühe geben“ fordern oder langsame Kinder auslachen, verzögern den Ablauf, und sie riskieren dadurch möglicherweise psychische oder schreibtechnische Störungen. Tempomacher erreichen also genau das Gegenteil dessen, was sie erwarten.

Um die richtigen Schreibbewegungsabläufe der Handschriftzeichen zu vertiefen und dem Gehirn tief einzuprägen, wird nach dem 24er-Kästchen-Blatt auf dem Blatt mit 96 kleinen Quadraten weitertrainiert. „Was, das sollen 96 Quadrate sein?!“ Das glaubt keiner – jeder zählt nach und ist dann völlig verblüfft. Noch mehr allerdings, weil man es tatsächlich problemlos(!) schafft, ein und denselben Buchstaben 96 Mal hintereinander zu schreiben und dabei auch noch immer besser (statt nachlässiger und gelangweilt) zu werden.

Wodurch aber werden Schüler, die ihre Lernbuchstaben in Quadrate schreiben, immer besser statt unaufmerksam? Sie erkennen, dass die Form, die sie schreiben, das gesamte Übungsfeld verän-

dert. Innerhalb des kleinen Passepartouts auf der quadratischen weißen Fläche bewegt sich etwas, das sie selbst steuern können.
Ein Blick in das quadratische Übungsfeld zeigt uns: Es ist weiß – die Figur schwarz. Kinder sehen beides. Sie beobachten auch beides. Zum Beispiel beim *o* – das hat ein Innen- und ein Außenfeld, wenn der schwarze Kreis „eiert", „eiert" auch das Innenfeld. Achtet das Kind nun weniger auf den schwarzen Strich oder weniger auf das weiße Feld? Wir wissen es nicht.
Wir wissen aber, dass es jedem Kind leichter fällt, eine Sonne zu zeichnen, als ein **O** zu schreiben. Das heißt, der gleiche Kreis bekommt, wenn er ein Buchstabe ist, mehr Aufmerksamkeit. Deshalb ist es sinnvoll, keine Assoziationsbilder im Schreibheft zu haben und nichts, was die Lernenden ablenkt.

Wer Kindern Buchstaben erklären will, sollte unbedingt auf die Gestaltung der Zwischen-, Innen- und Außenräume achten und sie erklären.
Die Ursache dafür ist unsere westliche Sehgewohnheit. Wir *glauben* beim Lesen nur die schwarze Figur des Schriftzeichens zu sehen – das Weiß, das den Hintergrund, die Zwischenräume und Leerstellen des Textes bildet, nehmen wir nicht als Teil der Schrift wahr. Buchstaben bestehen aber unumstößlich aus beidem, aus schwarzen und

weißen Segmenten – kein Schriftzeichen ist nur als schwarze Fläche denkbar und keins ganz weiß – sie wären „unsichtbar".
Typografen (Schriftdesigner) nennen die schwarze Figur des Buchstabens *positive Fläche* und die weiße ist die *negative*. Daran erkennt man schon, was wir für wichtig halten und was nicht. Nach diesem Prinzip wurden und werden zwar alle Alphabete entworfen. Das lateinische Schul-Schreibschrift-Alphabet gehört aber, wie schon erwähnt, nicht in die Welt der Typografie, weil die Buchstaben verändert werden und weder schön noch satzfähig sein müssen. Das Schulschreibalphabet muss ausschließlich fließbewegungsfähig sein.

Wann sieht ein Buchstabe schlecht aus und wann sieht er gut aus? Das lässt sich nur am Objekt trainieren. Dadurch, dass die Buchstaben in immer gleich große

Quadrate geschrieben werden, wird der Blick für die Proportionen schnell geschult und sicher. Der Rahmen des Kästchens gibt dem Lernenden – weil die Größe des Gestaltungsraums konstant bleibt – ein Gefühl von Stabilität und die Fläche wird

ihm schnell vertraut. Hier entsteht eine wichtige Gestaltungsroutine, wodurch das Schreiben des Zeichens immer leichter von der Hand geht.

Gleichmäßig werden die Buchstaben im Laufe der Zeit durch die Routine von allein, weil die Schreibbewegungen immer geschmeidiger werden. Kommen dann die Buchstabenverbindungen dran, entwickelt die Handschrift „freie Fahrt“ und sie beginnt zu fließen.

Manche Schreiber haben die Bewegung schon verinnerlicht, bevor das 96er-Blatt vollendet ist, manche benötigen ein zweites oder drittes Blatt. Auch bei komplizierten Bewegungsabläufen, wie zum Beispiel beim kleinen *k* oder dem einen oder anderen Großbuchstaben, kann ein weiteres Blatt benötigt werden. Neurobiologisch gesehen, ist die 120-fache, konzentrierte Wiederholung ein und derselben Schreibbewegung die effizienteste Art, sich Buchstaben einzuprägen.

Sind die Kleinbuchstaben mit ihren Verbindungen so weit verschaltet, dass sie automatisiert sind, kommen die Großbuchstaben dran. Großbuchstaben sind Anfangsbuchstaben – mitten im Wort kommen sie nicht vor. Die meisten Großbuchstaben sehen den Kleinbuchstaben nicht einmal ähnlich, obwohl sie denselben Klang haben. Das lässt sich

prüfen, zum Beispiel am *Aa*, *Bb*, *Dd* usw., dort sind stark abweichende Formen zu erlernen. Bei *Cc*, *Ss*, *Uu*, *Vv*, *Ww*, *Xx* und *Yy* trifft es nicht zu, da sehen groß und klein fast gleich aus.
Man kann also nicht sagen, das Alphabet hat nur 26 Buchstaben – in Wirklichkeit sind es nämlich 59 (26 x 2 = 52 + *ß* = 53 + Ä*ä*, Ö*ö* und *Üü*).
Der in der deutschen Sprache am häufigsten geschriebene Kleinbuchstabe ist, wie schon erwähnt, das *e* – und am wenigsten werden Großbuchstaben geschrieben. Sie sind so groß wie Kleinbuchstaben mit Oberlänge, zum Beispiel *h*, *k*, *l* und *b*. Das *G* kann mit Unterlänge geschrieben werden, dann ist es zusammen mit dem *J* und dem *Y* der größte Buchstabe des Alphabets.

Sind die Schreibbewegungen verinnerlicht, werden zwei Buchstaben miteinander verbunden und wird geschaut, wie sie ineinander übergehen. Aber auch dass sie, wenn sie zusammengezogen werden, wie zum Beispiel **e** und **i** dann **ei** ergeben und anders klingen als einzeln. Das ist hoch spannend.
Danach geht es auf die Line, wobei *auf* nicht ganz richtig ist, besser wäre *zwischen* den Linien, denn sie markieren und begrenzen den Raum zwischen der oberen und der Grundlinie (auf der entlanggeschrieben wird). Genau genommen

wird also zwischen *vier* Linien geschrieben, gesprochen wird aber immer nur von *einer* Linie.

Es ist die *Grundlinie,* auf der geschrieben wird, sie ist so etwas wie ein Geländer, an dem man sich wie eine Schlange entlangschlängeln kann. Die Linie ist ein Hilfsstrich, der Schreibende am Boden hält, damit sie nicht bis in den Himmel schreiben. Irgendwann braucht man keine Linien mehr. Es gibt aber auch Erwachsene, die schreiben noch immer am liebsten auf Linien. Es kommt eben darauf an, wie oft man schreibt und wie gut man trainiert hat.

Hier kann gleich noch einmal darauf hingewiesen werden, dass **routinierte** Schreiber später nicht gezwungen werden dürfen, Wörter, die länger sind als vier Buchstaben, **ohne Unterbrechung** zu schreiben. Im Kapitel *Der Schreibstift* erkläre ich, warum das Schreiben nicht zwingend in einem Zug praktiziert werden sollte: Es widersetzt sich dem schnellen Bewegungsablauf der Hand. Aber man muss eben erst einmal verstanden haben, dass es um die Fließbewegung der Gedanken geht, die in einzelnen Wörtern dargestellt werden sollen. Man lernt eben nicht nur das Wort, sondern auch die **Abstandhalter**, die Zwischenräume kennen. Die sollen angemessen sichtbar, nicht zu lang und nicht zu kurz sein. Jedes Wort hat hinten und vorne eine *Pufferzone,* einen *Bumper* (englisch) oder eine *Stoßstange,* wie

man will. Hauptsache, es gibt keine Karambolage. Also: Nicht so dicht auffahren und nicht zu weit zurückbleiben beim Schreiben.
Wie das aussieht, wenn ein Bandwurmsatz ohne Unterbrechung geschrieben wird, kann man an dem folgenden „Wort“ sehen – dort sollen alle Kleinbuchstaben des Alphabets enthalten sein – stimmt es? Wo sind Wortanfang und wo Wortende?

thequickbrownfoxjumpsoveralazydog

(derflinkebraunefuchshopstübereinenfaulenhund)

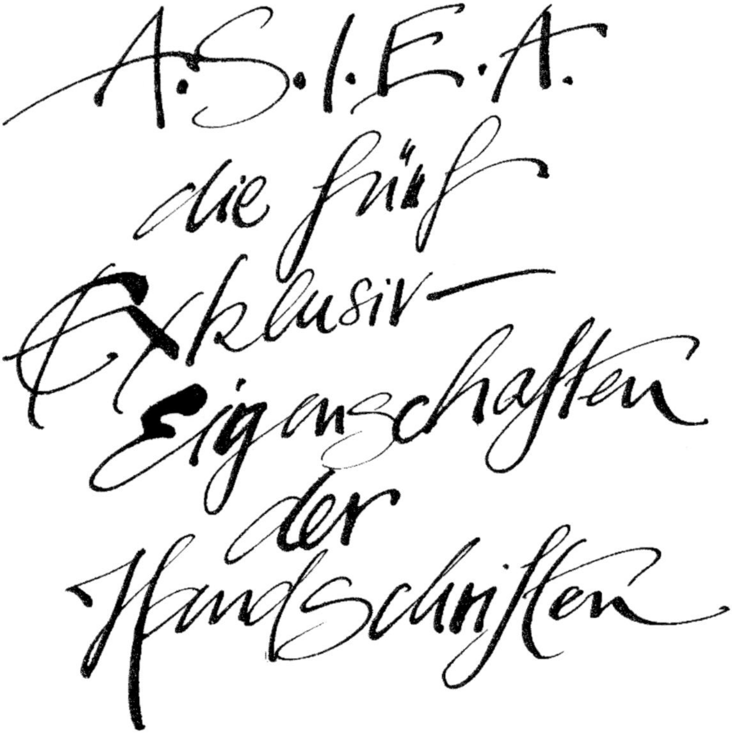

Dass Handschrift *bewegt* ist und Gefühle transportiert, hat man schon gehört. Aber dass sie Eigenschaften hat, die sie exklusiv und prominent macht, diese Erkenntnis ist wohl neu. Die fünf Eigenschaften sind:

authentisch, spontan, individuell, emotional, asymmetrisch kurz: A.S.I.E.A.

Diese Eigenschaften hat jede Handschrift. Sie verleihen ihr das Prädikat des *Alleinstellungsmerkmals unter allen Schriften.* Die Exklusiv-Eigenschaften sind gestaltgebend und gelten als die **Basisfaktoren der Handschrift-Ästhetik**.

Und wenn hier von Ästhetik die Rede ist, dann ist damit nicht das *Schön*sein der Handschrift gemeint, sondern ihre Flexibilität.

Die fünf Eigenschaften sind die, die der Handschrift *Leben* einhauchen, allein weil sie vorhanden sind. Ganz gleich was, wie und womit geschrieben wird, sie sind immer mit von der Partie: Fehlt eine dieser Eigenschaften, ist es keine Handschrift. Jede Handschrift, ob von Kindern geschrieben, mit Bleistift oder Edelfeder, mit künstlerischer Energie oder von Greisenhand, immer ist sie *authentisch, spontan, individuell, emotional und asymmetrisch.*

Eine besondere Ausprägung oder Gewichtung der Eigenschaften ist nicht erforderlich und auch nicht möglich, sie müssen vorhanden sein. Mehr nicht. Über das „Design" der Handschrift sagen sie nichts aus.

Ihr Vorhandensein offenbart dann auch gleich die *Vitalität* der natürlichen Schreibweise und stellt sie damit auf die gleiche Stufe mit jeder anderen Ausdrucks-Ästhetik wie zum Beispiel Tanz/Bewegung, Schauspiel/Gestik/Mimik, Gesang. Es drängt sich der Gedanke auf: Wenn alle Künste diesen, denselben Ausdruckskriterien folgen, dann muss es doch auch eine Handschriftkunst-Ausbildung geben. Sozusagen westliches Sho-dō.

Erläuterung:

Authentisch *(echt)* ist sie, weil sie dem einzigartigen, unverwechselbaren und nur diesem *spezifischen Gehirn* des Schreibenden entspringt und seine Neuronen und Emotionen nur diese eine Schrift als die eigene entwickeln können.

Spontan ist sie, weil sie ausschließlich unmittelbar, und ohne über die Buchstaben nachzudenken, geschrieben wird. Die Spontaneität bewirkt, dass die Handschrift das bedeutendste Denkwerkzeug des Menschen ist.

Individuell ist sie, weil die Buchstabenformen als unbewusste, urschöpferische Leistung gestaltet werden.

Emotional ist sie, weil sie unmittelbar an die bewussten und unbewussten Reaktionen gebunden ist (mehr dazu in dem Kapitel *Augen, Hand und Hirn)*.

Asymmetrisch ist sie, weil die natürliche Schreibbewegung zu Gleichförmigkeit und Makellosigkeit (wie zum Beispiel in der Kalligrafie) nicht in der Lage ist.

Der Gedanke *Handschriftästhetik als Schönheitslehre* ist der japanischen Zen-Ästhetik[25] sehr vertraut, und auch der Bildhauer Auguste Rodin[26] handelte in diesem Sinne. In seinem „Vermächtnis" heißt es:

[...] Die Liebe zur Natur und die Aufrichtigkeit, das sind die beiden starken Herzfeuer der Großen. Entdeckt in jedem Wesen, in jedem Ding das Wesentliche, jene inwendige Wahrheit, die alle Form durchstrahlt. Eben diese Wahrheit ist die Schönheit.

Wahrhaftigkeit und Natur bilden also die Grundlage unverfälschter Schönheit.

In der Handschrift ist Natürlichkeit im Sinne von Echtheit (Authentizität) zu verstehen. Das heißt, in der Handschriftästhetik sind Ausdruck und Schönheit identisch. Man muss sie nehmen, wie sie ist, und darin die **Schönheit der Wesenheit** entdecken.

„Was?! Dieses Gekrakel soll schön sein?!", fragen Sie und denken dabei vielleicht an Ihre eigene Schrift. „Ja – denn sie ist schön, weil sie eigenwillig und lebendig (vital) ist."

Es geht um Leben, um Authentizität. Es geht um die Unberechenbarkeit des Schreibens, um die Vitalität des Menschen und die Ausdruckskraft seiner Handschrift. Die soll gesehen, geachtet und gefördert werden. Es geht nicht um traditionelles Schönsein (wie zum Beispiel Kalligrafie),

---

25 Japanische Ästhetik Wabi-Sabi
26 Auguste Rodin (1840–1917), französischer Bildhauer und Zeichner

nicht um oberflächliche Form, nicht um mathematisch errechenbare Schönheitskriterien griechischer Philosophie[27]. Die Kraft des Lebens entzieht sich jedem Schönheitsanspruch und jeder Berechenbarkeit.

Vitalität ist vorhanden oder nicht.

Ein bisschen lebendig ist wie ein bisschen tot.

Deshalb ist das Problem auch nicht die krakelige Handschrift. Das Problem ist, dass sie abgelehnt wird. Nehmen Sie Ihre Handschrift anders wahr, lieben Sie Ihre Schrift; und sie wird sich positiv verändern.

[27] Rudolf Eisler (1876–1927): Philosophen-Lexikon. Leben, Werke und Lehren der Denker, 1912

Kinder müssen achtsam an ihre Handschrift herangeführt werden!

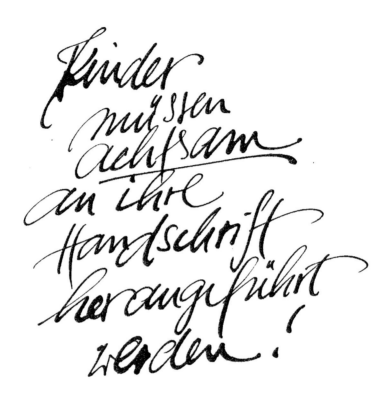

Kinder sind hochsensibel und empfänglich für emotionale Schwankungen. Und so sehen Kinderhandschriften ja auch aus. Bedenken Sie, die Hand des schreibenden Kindes ist nicht oder doch nur sehr bedingt willentlich steuerbar. Wer schimpft oder „mehr Mühe geben“ fordert, macht die Handschrift immer schlechter und viele Jungen zu nachhaltigen *Schreibkriegsfüßlern.*

Gerade weil mit allen Sinnen geschrieben wird, bringt das Schreiben auch viele Emotionen hervor. Für Mädchen zumeist gute, für Jungen bisher fast nur schlechte … Allerdings weniger aufgrund „grafomotorischer Störungen" und „Schreibschwäche", wie die häufigsten Diagnosen in solchen Fällen lauten, sondern vielmehr wegen fehlender Instruktionen.

Wer Schreiben unterrichtet, trägt die **Verantwortung** dafür, dass seine Schülerinnen und Schüler gern schreiben und sich in ihrer Handschrift wiederfinden. Entgegen anderslautenden Prognosen ist die Beherrschung der eigenen Handschrift heute wichtiger denn je. Nicht allein aus neurobiologischer, physiologischer und psychologischer Sicht. Es gibt keine Schulzeit, kein Studium und keinen Beruf ohne den Einsatz der eigenen Handschrift.

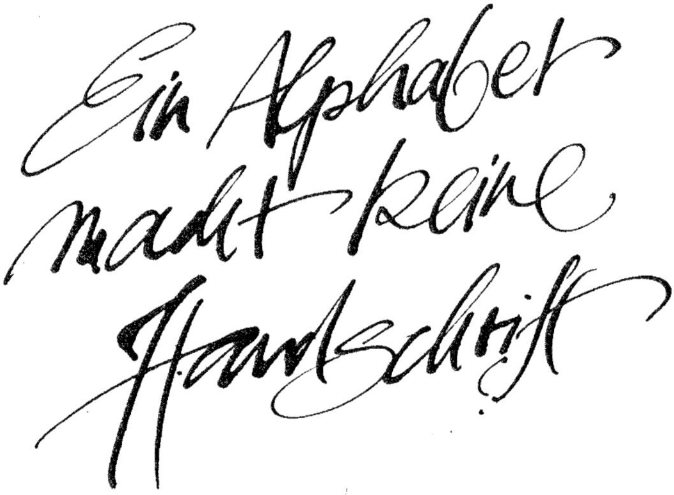

Eltern kommunizieren also entschieden mehr als nur ein Alphabet – oder „26 Buchstaben“, wenn sie ihren Kindern das Schreiben erschließen. Dem guten Gefühl für die eigene Handschrift geht ein vielschichtiger, äußerst komplexer und hochdiffiziler Vorgang voraus, der unmittelbar Einfluss auf die Persönlichkeit der Kinder nimmt und dessen Folgen sich bis ins Erwachsenenalter fortsetzen.

Sprechen Sie mit anderen Menschen über Ihre Handschrifterfahrungen und über die Situation Ihrer Kinder im Schreibunterricht! Vielen Menschen geht es ähnlich wie Ihnen, tauschen Sie sich aus, begegnen Sie dem Schreibenlernen und auch Ihrer eigenen Handschrift auf neue, freundliche, souveräne Weise. Dann wird eine Schreibkultur entstehen, die Schreiben auch in den Kunst- und sogar in den Ethikunterricht integriert. Denn alle Menschen schreiben in allen Ländern anders. Da gibt es Dinge zu entdecken, die Freude machen, Begeisterung wecken und Leidenschaften entfachen können. Die eigene Handschrift ist immer da. Sie ist eine Orientierungshilfe in einer Welt, die verwirrend ist und immer verwirrender wird. Schreiben gehört zu den größten Entdeckungen der Zivilisation – unterstützen Sie Ihr Kind, daran teilzuhaben.

Handschriften sind kein lebloses Design. Buchstaben pauken ist zwecklos. Wenn man versteht, warum sie sind, wie sie sind, hat man eine echte Chance, seine Handschrift zu lieben. Man muss sie verstehen, wie man einen guten Freund versteht.

Achten Sie von Anfang an auf die Schreibhand-Bewegung und fokussieren Sie die Verbindung zwischen den einzelnen Buchstaben, sie ist DAS wesentliche grafische Fließbewegungs-Element. Die Verbindungen bringen die Schrift *in Fluss* und lassen eine schnelle, effiziente Fließbewegung entstehen. Schreiben soll ein Vergnügen sein. Wer Schriftzeichen *eins zu eins* kopiert, in der Hoffnung, dies mache positiven Eindruck, liegt falsch.

Augen sind die Fenster der Seele. Das wussten schon Leonardo da Vinci und Hildegard von Bingen. Und wir wissen es eigentlich auch alle. Jeder kann hineinschauen und seine Schlüsse ziehen. Aber es funktioniert auch andersherum: Die Augen saugen alles auf, was sich in ihrem Blickfeld tummelt.

Man kann also auch sagen: „Die Augen sind die Staubsauger der Seele." Aber seltsamerweise werden die Augen beim Schreiben völlig übersehen. **Keiner schaut auf die Augen.** Alle starren auf die Hände. Dabei spielt die Hand beim Schreiben und Schreibenlernen nur eine ganz kleine Nebenrolle. Sie hat keine Befehlsgewalt, sie kann sich weder motivieren noch kann sie selbsttätig eingreifen.

Hände sind nur die Marionetten des Gehirns. Sie bekommen ihren Bewegungsauftrag erst, nachdem die Augen die entsprechenden Anregungen gegeben haben.

Jeder sieht zwangsläufig, was und wie er schreibt. Dieses Sehen erzeugt **Verschaltungen** im Gehirn, weil es wissen will, wie es mit dem Schreiben weitergehen soll (nicht nur sinnhaft, sondern vor allem auch orthografisch!). Die Gedanken eilen dem Schreiben immer etwas voraus. Man schreibt erst, nachdem der Gedanke zu Ende gedacht ist. **Das Gehirn diktiert.** Was in seiner Konsequenz bedeutet, dass die *Gedanken über die Augennerven die Handbewegungen steuern.*

Schreibenlernen ist also keine Fingergymnastik. Schreiben lernt man nur unter fachgerechter Anleitung. Ansonsten kommt das dabei heraus, was wir seit fast 50 Jahren im Fach Deutsch erleben.

Das ist erschreckend. Die meisten Kinder der Geburtsjahrgänge nach 1963 lernten und lernen nur noch in Ausnahmefällen das Schreiben in der Schule. **Sie müssen es sich selbst erschließen.** Angehende Lehrer/-innen können es nicht studieren und wissen deshalb oft gar nicht, wie sie Kindern die richtige Stifthaltung erklären sollen. Die Kinder müssen es allein versuchen.

Und die Schreibgerätehersteller? Die widmen sich der Entwicklung und der Verkäuflichkeit ihrer Produkte und nicht der Aufgabe der Grundschullehrer/-innen. Andererseits: Ist Füllerfabrikanten wirklich nicht klar, dass der Nachwuchs, bekommt er als Erwachsener teure „Edelfedern" geschenkt, um sie als Statussymbol mit sich herumzuführen, damit nicht schreiben kann und es auch gar nicht will? Sind sie erst einmal außer Reichweite der Schule, fassen Schreibtraumatisierte freiwillig keinen Stift mehr an.

Überhaupt glaube ich, so mancher Stift dreht sich im Grabe um, angesichts der Akrobatik, die seine Nachkommen in Kinder- und Erwachsenenhänden erdulden müssen.

Wie können wir verhindern, dass dieses Desaster sich in der Grundschule immer weiter fortschreibt? Wie können wir dieses Unglück stoppen?

Dazu brauchen wir die *bewährte Schrift* und den *runden Stift*. Wir sollten das, was uns seit Jahrhunderten gute Dienste leistete – die lateinische Schreibschrift und der runde Stift – richtig nutzen und unterrichten. Mehr nicht. Darauf können auch Marketingideen bestens aufbauen.

Da das Schreibenlernen schon beim Anblick der Schreibschrift beginnt, also lange bevor der Stift überhaupt in die

Hand genommen wird, ist es doch richtig und wichtig, den Augen so hochwertiges Futter zu geben, dass die Kinder ganz wild aufs Schreiben werden. Faszinierende Schreibbeispiele zeigen, was aus den Stiften herauszuholen ist. Der Stift selbst – und mag er noch so kostbar sein – kann nicht von allein schreiben, er braucht den Willen zum Schreiben. Und den hat nur der Mensch. Den Satz „Oh, das hab' ich gar nicht gesehen!" hat wohl jeder schon einmal gedacht, wenn er etwas „übersehen" hat. Das Gehirn kann aber gar nichts „übersehen". Die Augen fangen alles ein, auch „intuitive Eindrücke" und emotionale Reaktionen, und alles melden sie dem Gehirn.

Es wird nur eben nicht alles bewusst gemacht. Ein nicht unwesentlicher Teil landet in der Nebenregistratur. Und das ist auch gut so, denn sonst würden wir wahrscheinlich verrückt werden. Einige Eindrücke bleiben aber „unter der Oberfläche", so dass sie uns irgendwann doch bewusst werden (erinnern). Dann tauchen sie plötzlich als ein „vages Gefühl" auf, zum Beispiel ausgelöst durch Körpersprache, Mimik oder Blicke. „Ich kann es nicht genau beschreiben, es ist nur so ein Gefühl" – wer kennt diesen Satz nicht? Dieses Gefühl schlägt sich auch in der Handschrift nieder.

Da hatten dann die Augen wieder ihre Finger im Spiel. Die Augen und das Gehirn.

Die Erforschung des Gehirns, besonders seines inneren Aufbaus und seiner Funktionen, brachte schon vor längerem die Erkenntnis, dass die Verbindungen der Nervenzellen im Gehirn unser Denken, Fühlen und Handeln bestimmen. Der persönliche Ausdruck ist das Resultat körperlicher Gegebenheiten, die durch das Zusammenwirken von Nervenzellen in unserem Gehirn erzeugt werden.

Es ist jedem überlassen, darin Geist und Seele oder die Persönlichkeit des Menschen zu erkennen. Das Schreibenlernen der Grundschüler ist nicht mit dem Einüben eines Handwerks zu vergleichen, auch nicht mit Auto- oder Radfahrenlernen, Schwimmen oder Kochen.

Wir schreiben nämlich nicht nur mit allen Sinnen, sondern geben gleichzeitig auch noch sehr viel von uns preis. Wir lassen einen dauerhaften, authentischen Ausdruck zurück, der nicht korrigierbar ist. Das ist eine hochbrisante Situation, der Eltern und Pädagogen mit viel Fingerspitzengefühl begegnen müssen.

Sie sehen, Schreibenlehren und -lernen ist diffizile, anspruchsvolle Kopfarbeit. Am Schreibenlernen sind alle wichtigen Hirnareale beteiligt, vom Stammhirn über das limbische System, das Zwischen-, Klein- und Großhirn bis zu dessen Rinde.

Das Stammhirn (Hirnstamm) ist für die elementaren Lebensfunktionen zuständig. Es steuert die Herzfrequenz, den Blutdruck, die Atmung und alle lebenswichtigen Reflexe wie Lid-, Schluck- und Hustenreflex. Es bildet darüber hinaus auch die Schnitt- beziehungsweise Anschlussstelle zwischen dem übrigen Gehirn und dem Rückenmark. Eintreffende Informationen leitet es überkreuz weiter, das bedeutet, die rechte Gehirnhälfte steuert die linke Körperhälfte und umgekehrt.

Das **Zwischenhirn** schließt an den Hirnstamm an und beherbergt den Thalamus, den „Türöffner" des Bewusstseins. Er entscheidet, welche Sinneseindrücke ins Bewusstsein eindringen dürfen, und leitet sie an die Verteilerzentren weiter. Der Rest bleibt im Unbewussten hängen.

Im **Zwischenhirn** ist noch ein weiterer wichtiger Handschriftassistent ansässig, der **Hypothalamus**. Er koordiniert das Spannungsverhältnis zwischen Hormonen und Nervensystem und übt dadurch Macht aus über den Schlaf-und-Wach-Rhythmus, über Hunger, Durst, Wärme- und Kälteempfinden und auch über Schmerzverarbeitung und das Sexualverhalten.

Das **limbische System** liegt im Inneren des Großhirns, auch Gefühlshirn genannt. Der Name „Gefühlshirn" kommt daher, dass im Gefühlshirn der Ursprung der Gefühle liegt. Es ist mit einem sogenannten Belohnungszentrum versehen. Das limbische System ist aber auch dafür da, um etwas positiv, neutral oder negativ zu bewerten, wenn wir etwas denken, fühlen oder wahrnehmen. Die Informationen werden sofort an den Hirnstamm gesendet und lösen je nach Situation eine Reaktion aus.

Das **Kleinhirn** (Cerebellum) koordiniert das Gleichgewicht und die Bewegungen und sorgt dafür, dass sie fließend (nicht: „flüssig“) ablaufen.

Das **Großhirn** ist in zwei Hemisphären (ähnlich wie bei einer Walnuss) geteilt, die durch ein dickes Nervenbündel, den „Balken“, miteinander verbunden sind, durch den die beiden Hälften präzise miteinander kommunizieren können. Jeder Gehirnhälfte sind spezifische Aufgaben zugeteilt: links sitzt der für Sprache und Logik verantwortliche Teil, rechts die Kreativität und der räumliche Orientierungssinn.

In der **Großhirnrinde** (Neocortex) sitzen unter anderem in der Regel die Areale für Seh-, Sprech-, Lern- und Denkfähigkeit. Hier in der Hirnrinde, die etwa 2 bis 5 mm dick ist und die das Großhirn umgibt, laufen alle Informationen der Sinnesorgane zusammen, werden sortiert und als Wahrnehmung im Gedächtnis eingelagert. Hier findet das eigentliche Denken statt.

Dies alles – und noch mehr – ist am Schreiben beteiligt, mündet in den Stift und fließt als Handschrift aufs Papier.

Wer jetzt an Prüfungen und Klausuren denkt, kann nachvollziehen, dass das Stammhirn mit seiner Fähigkeit, Blutdruck, Herzfrequenz und Atmung beeinflussen zu können, tatsächlich an dem „hektischen“ Design der Handschrift kräftig mitgewirkt hat. Bei so vielen Mitarbeitern ist es kein Wunder, dass Schreibenlernen der wohl klügste Denksport, die kreativste Designübung und das effektivste Motorik- und Koordinierungs-Training ist. Es kommt also auf die Qualität des Augenfutters an, das man den beiden „Suchscheinwerfern“ vorlegt. Eine schlechte Schrift melden sie dem Gehirn als „Achtung, Stress!“. Ist man guter Dinge und die Schrift tanzt wie ein Schmetterling, dann melden die Augennerven: „Gute Laune – Serotonin steigern!“

Genau hier ist der Punkt, an dem wir ansetzen. Wir sorgen dafür, dass dem Gehirn Freude am Schreiben so vermittelt wird, dass es sich einprägt. Am besten schon in der Vorschule oder im Kindergarten als erste Schreibprägung. Die ist entscheidend, weil die Kinder das Schreibenlernen sofort mit der richtigen Schreibbewegung verbinden.

Eltern sollten deshalb auch nicht das *Schulalphabet* als angestrebte Zielschrift verstehen. Die Schulschrift ist keine verpflichtende Norm. Sie ist als kinderhandgerechte Ausgangsschrift konzipiert, die lediglich als Richtschnur dient. Zielschriften sind klare, fließende Kinderhandschriften.

Handgeschriebenes weist immer zwei Inhalte auf, den Wortsinn und die Form. Beide werden getrennt beurteilt – oder besser: interpretiert. Es kann immer nur subjektiv interpretiert und niemals wirklich bewertet werden, weil Ausdruck immer nur einen subjektiven Eindruck machen kann. Die Form einer persönlichen Handschrift folgt unergründlichen Empfindungen und keiner mathematischen Formel oder der Logik aristotelischen Schönheitsanspruchs – wie zum Beispiel die Kalligrafie mit ihren akkuraten Schriftbildern.

Der optische Eindruck einer Handschrift bezeichnet etwas, das nicht präzise definierbar, doch immer deutlich spürbar ist.

Und weil jeder Mensch anders spürt, muss man bei der Beurteilung sehr vorsichtig sein. Ob eine Handschrift gefällt oder nicht, kann und darf nur der Schreibende selbst beurteilen. Es ist SEINE Handschrift. Sie kann Vitalität, Dynamik, Beweglichkeit, Frische, Stärke, Energie, Lebenslust, Tatkraft, Initiative, Aktivität, Entschlossenheit, Willensstärke, Entschlussfähigkeit und Spannkraft ausdrücken. Man muss sie mögen und mit ihr vertraut sein wie mit einem guten Freund.

Diese intime Zugewandtheit setzt genau jenen lebensbejahenden Kreislauf in Bewegung, der in den Augen auf dem Weg zum Thalamus beginnt, von allen „Hirnhelfern" auf der neuronalen Bahn bis zur Hand mit positiven Impulsen beflutet wird, um dann als Handschrift aus der Feder zu fließen. So entsteht, *ohne sich groß Mühe zu geben,* eine ausdrucksstarke Handschrift – wie von selbst.

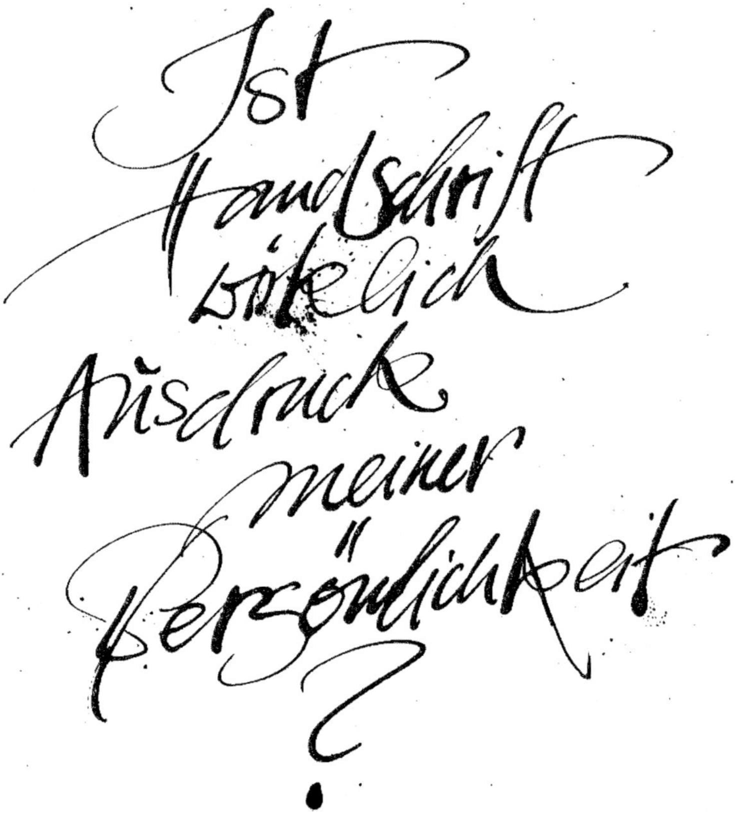
Ist Handschrift wirklich Ausdruck meiner Persönlichkeit?

„Hinter diesen Hügeln werden Drachen sein!“, glaubten Forscher vor Jahrhunderten, wenn sie an fremde Grenzen stießen und ihnen das Weitergehen unheimlich war, weil sie nicht wussten, was sie erwartet. Das ist lange her, und an Drachen glauben nur noch Kinder.

Nur auf dem Gebiet des Schreibens, da geht es immer noch sehr geheimnisvoll und märchenhaft zu. Werden in der Handschrift feuerspeiende, magische Drachen oder dunkle Mythen vermutet? Oder warum ist sie immer noch ein „ultraweißer Fleck“ auf der Landkarte westlicher Schreibkultur?

Ich erlebe jedes Mal dasselbe Theater, wenn ich auf die Frage „Was machen Sie beruflich?“ antworte: „Ich befasse mich mit Handschrift.“ Wie auf ein geheimes Zeichen hin verschwinden plötzlich alle herumliegenden Notizen zwischen Aktendeckeln, werden in Jackentaschen versenkt oder lösen sich sonst wie in Luft auf. Diese Hektik amüsiert mich natürlich, aber sie erschreckt mich auch. Was denken die Leute? Dass die Schrift auf den Zetteln ihren Charakter verraten? Oder ist ihnen ihre Handschrift peinlich? Vielleicht beides. Aber eines ist unübersehbar: dass sie verunsichert sind. Also geistert doch noch ein übrig gebliebener Drache im 21. Jahrhundert herum und bedroht den aufgeklärten modernen Menschen so sehr, dass er Selbstzweifel hat?

Wie funktioniert das? Wie kommt es, dass die Redensart „Handschrift zeigt den Charakter“ von der Allgemeinheit akzeptiert und sogar als Allgemeinwissen anerkannt ist? Ist es nur Unwissenheit oder steckt noch etwas anderes dahinter?

Ich habe die Aussage eines Grafologen gefunden, der behauptet, Handschrift sei das „Röntgenbild der Seele“. Dieser Ansicht sind vielleicht nicht alle Schriftdeuter, aber sie gibt uns ein Gefühl dafür, wie bedrohlich nah sich die Grafologie an uns heranpirscht. „Röntgenbild der Seele“ klingt wie „Ich kann in deine Seele sehen, ich sondiere deine Eigenschaften und ergründe deine Persönlichkeit, ich weiß, was mit dir los ist. Ich weiß über dich mehr als du selbst“. Welche Hybris! Wie anmaßend und unangenehm!

Der Verunsicherungsfaktor solcher Aussagen ist sehr hoch, weil kaum jemand weiß, was Persönlichkeit ist und was Seele sein soll. Und weil sich wohl auch kaum jemand mit Handschrift auskennt, ist das Glaubwürdigkeits-*Risiko* der Grafologen sehr gering. So wird leichtfertiger Spekulation Tür und Tor geöffnet. Es wird natürlich auch viel Unsinn hineininterpretiert. Ich habe den bekanntesten „Handschrift ist …“-Satz unter die Lupe genommen und gefragt: „Was heißt, Handschrift ist Ausdruck der Persönlichkeit‘ wirklich?

Was ist *Handschrift?* Was ist *Ausdruck?* Und was soll ich mir unter *Persönlichkeit* vorstellen?

Handschrift verfügt über fünf Hauptmerkmale: Authentizität, Spontaneität, Intuition, Emotionalität und Asymmetrie.

Handgeschriebenes ist erstarrter Augenblick menschlicher Befindlichkeit. Handschrift ist die einzige Schrift, die wirklich fließend geschrieben wird. Sie ist die einzige Schrift, die sich „wie von allein“ aus Schulschriftbuchstaben entwickelt.

Die grafische Modulation der Handschrift wechselt unter dem Einfluss unbewusster Emotionen so extrem, dass sich keine identischen Schreibbewegungen erzeugen lassen.

Handschrift schreiben dient in erster Linie dem schnellen Fixieren eigener Gedanken.

Ausdruck ist subjektiv empfundener Eindruck. Ausdruck wird erzeugt und wirkt auf die Sinne ein. Ausdruck und Eindruck sind immateriell und emotionsabhängig, sie basieren auf bewussten und unbewussten Emotionen und lassen sich nicht durch Dritte bestimmen oder regulieren. Ausdruck beziehungsweise Eindruck der Handschrift entsteht unabhängig von der Lesbarkeit und teilt sich dem Betrachter schon mit, bevor gelesen wird.

Was ist Persönlichkeit?

Persönlichkeit bezeichnet die Gesamtheit dessen, was die natürlichen Eigenschaften des Individuums (Mensch und Tier) darstellt. Die Eigenschaften bilden sich aus unbewussten Reaktionen, die permanent variieren und dadurch ebenso variierende Verhaltensmuster bewirken. Ob ein Charakter gut oder schlecht ist, ist nicht festzulegen, weil es dafür nur gefühlte Bewertungen, aber keine wissenschaftlich fundierte Werteskala gibt.

Fazit: Handschriftliches kann Ausdruck der Persönlichkeit des Schreibenden sein. Aber man kann den Duktus der Handschrift nur subjektiv empfinden und ihn für angenehm oder unangenehm halten. Mehr nicht. Wissenschaftliches Erforschen ist hier wohl angemessen.

Meines Erachtens bewerten Schriftdeuter nicht die Beschaffenheit der Handschriften, sondern den subjektiven Eindruck, den sie von erstarrten Tintenspuren gewinnen. Diese analysieren sie in etwa wie eine Fieberkurve oder ein Diagramm.

Handschrift entsteht durch spontane Bewegungen, die weder kalkulierbar, noch analysefähig sind. Es sind emotionale Reaktionen, die sich nicht voraussagen lassen, weil sie intuitiv ablaufen. Sie bilden also keine feststehende oder unveränderbare Größe. Das einzig Zuverlässige an der Charakterlichkeit des Menschen ist seine Unberechenbarkeit, seine Spontaneität, also seine unergründliche Wandelbarkeit.

Kein zuverlässiger Mensch ist immer zuverlässig, und kein Pionier ist durchgehend mutig. Gefühlsbetonte Handlungen kann man nicht als *vorhanden* und *immerwährend* bezeichnen oder sie sogar als *zuverlässig eintreffende* Impulse erwarten, denn sie sind so launenhaft wie die Stimmungen der Menschen selbst.

Ausdruck und Eindruck sind subjektive Empfindungen und keine Voraussetzung für belastbare Charakterstudien.

Darüber hinaus: Handgeschriebenes ist der Abdruck einer unterbrochenen und erstarrten Bewegung, so als hätte man aus einem permanent laufenden Film durch Drücken der Stopptaste ein „Standbild" sichtbar gemacht.

Eine handgeschriebene Zeile ist zu bewerten wie ein Screenshot oder wie gefrorener Atem an der Fensterscheibe. Geschriebenes hält nur einen einzigen, nanokurzen Moment des Lebens fest, ist also bereits im Entstehungsprozess grafologisch wertlos, weil der Schreibende nie wieder so schreiben wird wie zuvor. Wird auch der Augenausdruck als feststehendes Charaktermerkmal akzeptiert oder vom Klang der Stimme auf den Charakter des Menschen geschlossen?

Wohl eher nicht.

Die natürliche Schreibweise lässt keinen Blick in die Zukunft zu und ist kein geeignetes Mittel für vergangenheitsorientierte Psychoanalyse. Der Ausdruck der Handschrift ist zwar greifbarer als Augen-, Stimme- und Körpersprachen-Ausdruck, aber deshalb nicht weniger flüchtig. Es gibt ihn kein zweites Mal.

Denn: Entwicklung und Ausprägung der Handschrift ist ein lebenslanger Prozess, der erst mit dem Tod des Schreibenden endet.

Darüber setzen Grafologen sich leichtfertig hinweg, indem sie so tun, als sei die Schreibbewegung unvergänglich und für alle Zeit festgeschrieben. Wie abwegig das ist, können Sie selbst ausprobieren: Schreiben Sie morgens vorm Zähneputzen, mittags nach dem Essen, schreiben Sie abends beim Fernsehen und sonntags bei der Sportschau, nachdem ein Tor gefallen ist, schreiben Sie, wenn Sie wütend sind, und schreiben Sie, wenn Sie sich langweilen, schreiben Sie beim Telefonieren (beachten Sie, mit wem sie sprechen), wählen Sie unterschiedliche Schreibgeräte, schreiben Sie Ihre Postkarten-Schrift, und kritzeln Sie wie auf dem Einkaufszettel. Vergleichen Sie alles miteinander, und analysieren Sie anschließend Ihre Persönlichkeit via Internet.

Die Online-*do-it-yourself*-Charakterbestimmung zeigt nicht nur, dass Grafologen die Handschrift als ein leb- und ausdrucksloses Muster benutzen; sie macht wohl auch die Nichtachtung deutlich, die grafologischem Denken der Person gegenüber gelegentlich zugrunde liegen mag, deren Schrift begutachtet wird.

Neuerdings empfehlen einige Handschriftdeuter die prophylaktische Selbstanalyse der eigenen Handschrift, um „Ungünstiges" auszumerzen, bevor sie offiziell begutachtet wird. Dieser (wahrscheinlich gut gemeinte) Rat funktioniert wie ein Selbstauslöscher: Denn wer seine Handschrift verfälscht, hat keine mehr. Hinzu kommt, dass er auch gleich noch einen wesentlichen Teil seiner Identität opfert. Das mag im Zeitalter globaler Standardisierung erstrebenswert scheinen.

Aber solange es selbstständig denkende Menschen gibt, wird es jedem selbst überlassen bleiben, seine eigene Schreibweise und die anderer zu mögen, zu akzeptieren oder abzulehnen. Jedermann kann schreibend verrücktspielen oder seine Schrift harmonisch und leicht oder schwer schleppend aus der Feder fließen lassen. Aber immer, solange er atmet, wird er seine eigenen Buchstaben haben und schreiben wie kein anderer: ausdrucksvoll und beeindruckend.

Mir sind leider kein Grafologe und auch keine Grafologin bekannt, der oder die etwas dazu beigetragen hätte, das Gefühl der Bedrohung zu beseitigen, das die Schriftdeuterei umgibt. Es scheint, als sei die Furcht verbreitende Aura und wahrsagerische Geheimnistuerei, die bei Betroffenen Drangsal und Panik auslösen kann, fester Bestandteil, wenn nicht gar Voraussetzung grafologischer Arbeit.

Ist die Qual des Probanden, sein handschriftliches Ausgeliefertsein, vielleicht das, was Schriftdeuter antreibt, weil es ein so hohes Machtpotential hat?

Laut eigener Aussage „bestimmen" Grafologen anhand der Handschrift die Charaktermerkmale des Menschen. Das heißt, sie glauben, aus dem Aussehen des fertigen Schriftbildes Schlüsse ziehen zu können, die die Persönlichkeit des Schreibenden ausmachen (soll). Man kann grafologische Diagnosen annehmen oder nicht, man kann sich darin wiederfinden oder nicht. Jedenfalls stellen Grafologen Aussagen in den Raum, die geeignet sind, zur Triebfeder gesteigerter Diskriminierung der Handschrift zu werden, zum Beispiel wenn es heißt: „Eine kleine Schrift stammt von einem Menschen mit geringem Selbstbewusstsein", oder: „Schrift mit ausgeprägten Ober- und Unterlängen weist auf einen starken Geltungsdrang (Selbstüberschätzung) hin." Solche Aussagen verunsichern. Handschriftendeutung ist keine anerkannte Wissenschaft. Auch sind grafologische Interpretationen der Handschrift wohl kaum geeignet, bei Personalentscheidungen mitzuwirken.

Obwohl hier und dort noch angewandt, verliert die Grafologie im Zeitalter der Neurobiologie und wissenschaftlicher Persönlichkeitsforschung mehr und mehr an Bedeutung.

Wir alle suchen unseren Platz in der Welt. Wir möchten ein Gegenüber spüren. Wir möchten etwas erschaffen, das uns verortet und uns in Beziehung setzt zu anderen Mensch. Und wir möchten uns auch selbst wahrnehmen.

Das heißt, wir müssen unsere Position, unseren Ausgangspunkt markieren, dazu brauchen wir ein eigenes, ein selbst gestaltetes Zeichen, ein Signum.

Schon die ersten Kommunikationszeichen waren hauptsächlich als unverwechselbare Eigenspuren der Selbstbestätigung gedacht. „Hier bin ich – wo bist du?“

Und was ist da besser geeignet als die eigene Handschrift? Die Handschrift ist das beste **Lebenszeichen**.

Das ist der Anlass, warum wir schreiben, die Motivation. Aber die Spur ist eine erstarrte. Schreiben ist Bewegung. Diese Bewegung entspringt dem inneren (intrinsischen) Bedürfnis, sich mitzuteilen.

Handschrift ist mehrsprachig. Nicht allein wegen ihrer „Weltläufigkeit" und weil sie praktisch in fast 200 Sprachen zu Hause ist, ist die Schrift der Hand die einzige Schrift, die innerhalb des Wortes eine *zusätzliche* Sprache hat. Diese zusätzliche Sprache liegt nicht wie ein Palimpsest[28], wie eine zweite Schrift unter den Buchstaben, nein, sie ist mit ihnen durch und durch verwoben. Die zweite Sprache ist keine lesbare Schrift, sondern eine **Dimension** – eine Gefühlssprache, eine Sprache, die nur *intuitiv* wahrgenommen und verstanden werden kann.
Diese zusätzliche Dimension kommt durch die Vitalität des Menschen in die Schrift. Es ist die Quelle des Lebens, die hier sprudelt, jene Energie, aus der heraus geliebt, gehasst, gefühlt und verstanden wird. Es ist derselbe Motor, der Stimmen singen und erbeben lässt, der Augen zum Strahlen bringt oder mit Tränen füllt. Es ist jener neuronale Vorgang im Körper, der auch dafür sorgt, dass Lebewesen sich ohne Worte verstehen können.

---

[28] Schrift unter beziehungsweise über einer Schrift, um Papier zu sparen

In der Handschrift entdeckte ich sie, als ich unter dem Einfluss einer seelischen Erschütterung schrieb und sah, dass meine Hand sich plötzlich ganz anders verhielt als sonst. Sie schrieb nicht, wie ich wollte, sondern wie SIE wollte, und ich ließ ihr (wohl auch weil ich gar keine Wahl hatte) freien Lauf.

Ich sah meiner eigenen Handschrift zu, wie sie aus der Feder floss, und wunderte mich. Nie zuvor hatte ich Schreiben so intensiv beobachtet. Und als sei vor meinen Augen ein Licht angegangen, wurde mir plötzlich klar, dass meine Hand „fremdbewegt“ wurde, so als würde sie nicht von mir über das Papier geführt, sondern von einer Kraft, die viel stärker war als ich.

Mit jeder Schreibbewegung erkannte ich deutlicher: Die unsichtbare, also die innere Bewegung des Schreibenden führt die sichtbare, die äußere Bewegung erst herbei. Die sichtbare Bewegung, also die Form des Buchstabens, wird nicht von mir bestimmt, sondern von jener Kraft, die meine Hand wie an langen Fäden hängend, ferngesteuert.

Ich gebe zu, dass mir das anfangs etwas unheimlich war. Ich fühlte mich so ausgeliefert. Aber dann dämmerte mir, dass es mir nicht allein so ging.

Doch *„Nihil fit sine causa“ – nichts geschieht ohne Grund!*

„Dieser Kraft“, dachte ich, „ist *jeder* Schreibende ausgeliefert.“ Niemand ist in der Lage, sich dieser subtilen, uneingeschränkten Einflussnahme entgegenzustemmen, keiner kann sich ihr entziehen, keiner kann anders schreiben, als seine innere Bewegung es zulässt, denn sie ist immer schon *vor* der äußeren da. Sie ist sogar schon da, *bevor* man anfängt darüber nachzudenken, was man schreiben möchte.

Wer oder was ist diese Macht, die mit einer Energie ausgestattet ist, deren gewaltige Kraft ich mir nicht vorstellen kann? Es sind die unbewussten Emotionen. Man kann auch sagen, neuronale Reaktionen sind die wahren Herrscher über Hand und Schrift: SIE schreiben vor, wie geschrieben wird. Das bedeutet, Handschrift ist die einzige Schrift, die ihre Arbeit, das WAS (geschrieben wurde) durch das WIE (unlesbar), sinnlos machen kann. **Handschrift kann sich selbst erledigen.**

Das aber bedeutet auch: Handschrift entsteht willenlos. So merkwürdig es klingen mag: Handschrift schreiben ist ein irrationaler Prozess.

„Da sollte man sich dann wohl mit seinen Emotionen möglichst gutstellen“, dachte ich, „und niemals mehr sollen meine Gefühle beim Schreiben unter Druck gesetzt werden.“

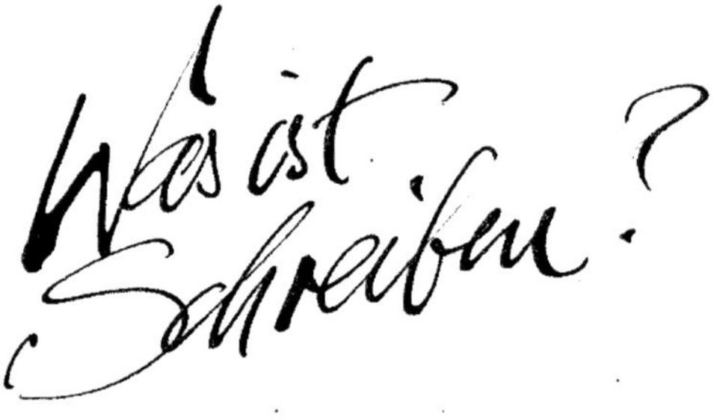

Andererseits ist der emotionale Aspekt aber auch wieder kein Grund, an seiner Schreibweise zu verzweifeln, denn die Emotionen schwanken ja pausenlos und können sich ändern. Nur eben nicht auf Knopfdruck.

Und auch Handschriften ändern sich nicht auf Knopfdruck oder weil man es sich wünscht. Wünschen lässt sie kalt. Der einzige Punkt, an dem die Handschrift beeinflussbar ist, ist das eigene Gefühl, das Gefühl, das man seiner Handschrift entgegenbringt.

Menschen, denen dieser Gedanke fremd ist, sollten sich daran erinnern, dass jeder Mensch seiner Handschrift Gefühle entgegenbringt. Zumeist sind es leider negative Gefühle. Ich stelle aber in meinen Coachings immer wieder fest, dass „schlechte“ Schrift sich schon bessert, sobald sie thematisiert wird.

Wer sich seiner Handschrift gedanklich widmet, findet auch etwas, das sie sympathisch macht.

Jeder Mensch hat die Fähigkeit, Gefühle zu wecken, bei anderen und – und das ist hier besonders gefragt – auch bei sich selbst. Früher glaubte man, wer seinen Gefühlen folgt, der hat den Verstand abgegeben. Heute weiß die Wissenschaft, dass die Intuition viel weiser und präziser reagiert als der Verstand.

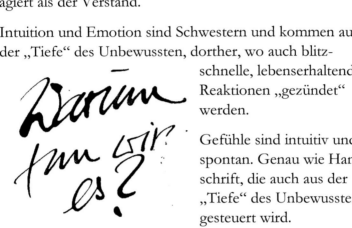

Intuition und Emotion sind Schwestern und kommen aus der „Tiefe" des Unbewussten, dorther, wo auch blitzschnelle, lebenserhaltende Reaktionen „gezündet" werden.

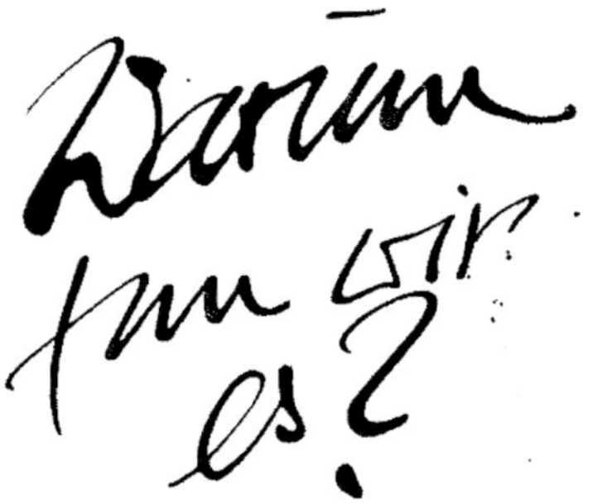

Gefühle sind intuitiv und spontan. Genau wie Handschrift, die auch aus der „Tiefe" des Unbewussten gesteuert wird.

Die „Tiefe" des Unbewussten fühlt sich aber nur so „aus der Tiefe kommend" an. In Wirklichkeit sitzt sie ganz oben, sie sitzt im Kopf, dort, wo in bestimmten Hirnregionen dafür gesorgt wird, dass wir ein möglichst harmonisches Leben führen möchten. Und natürlich beeinflussen sie auch das Verhältnis, das man zu seiner Handschrift hat. Und zur Schreibkultur allgemein. Ich habe seit einigen Jahren ein anderes Verhältnis zur westlichen Schreibkultur als früher. Das liegt zum größten Teil daran, dass ich mich professionell mit Handschrift befasse, und auch daran, dass ich meine eigene absolut liebe. Das war nicht immer so. Doch seit es so ist, habe ich viele Menschen darin unterrichtet, Schreiben als etwas zu erkennen, das ihnen hilft, sich selbst besser zu verstehen und sich und andere in ihrer Einzigartigkeit zu akzeptieren. Schreiben wäre an Schulen ein wirkungsvolles Toleranztraining, das als solches eingeführt werden sollte.

Aber zurück zur Vitalität. Handschrift wird also von Gedanken, Gefühlen und im Wesentlichen von unbewussten Emotionen „geschrieben".

Wer seine Handschrift ändern will, muss also genau an diesem Punkt eingreifen: an dem Punkt, an dem die unbewussten Emotionen wirksam werden. Bei der Wahrnehmung.

Wahrnehmung ist über die Sinne, über das, was man sieht, hört, fühlt und riecht und schmeckt, veränderbar. Dabei sollen so viele Sinne wie möglich angesprochen werden.

Wenn das Geheimnis vitaler Handschrift die *Wahrnehmung, also die Einstellung zur* eigenen Handschrift ist, dann ist diese Einstellung auch am einfachsten über das Schreiben veränderbar. Ob Wahrnehmung oder Einstellung, wer seine Schreibbewegungen beachtet, achtet sie auch bald und bringt ihr genau jene Wertschätzung entgegen, die auch Sänger ihrer Stimme entgegenbringen.

Wer singt – egal ob Oper oder Trallala –, fühlt seine Stimme im ganzen Körper, er *ist* die Stimme, sie füllt ihn aus. Mit dem Schreiben kann das genauso sein. Es ist diese positive, konzentrierte Zugewandtheit, das *Ganz-beim-Schreiben-Sein*, was Ihre Handschrift verbessert.

Wer sich schreibend wahrnimmt, wer sieht, wie die Schrift ihn bewegt, erkennt sich darin wieder, und löst eine Kettenreaktion aus, an deren Ende (oder Anfang, je nachdem, wie man es betrachtet), eine ausdrucksstarke Handschrift steht.

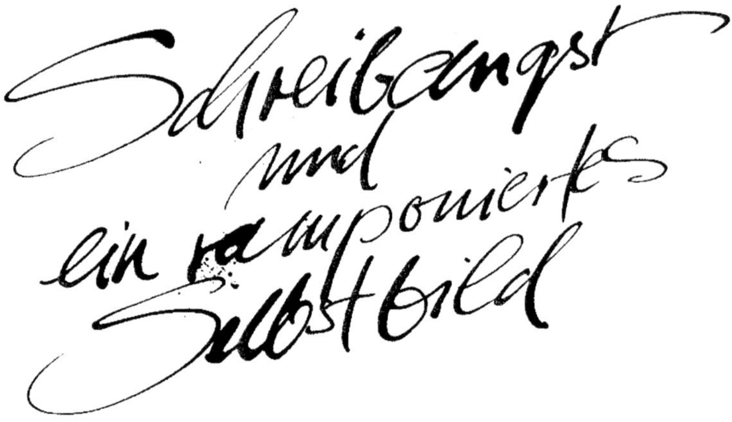

„Mir wäre schon sehr geholfen, wenn Sie mir die Angst vor der eigenen Handschrift nehmen würden oder die Angst davor wenigstens merklich reduzieren könnten, weil das bedeuten würde, dass ich mich in meinem Beruf und auch sonst wesentlich wohler fühle“, das schrieb mir ein 40-jähriger Ingenieur aus der Schweiz.

Und er legt damit den Finger genau in die Wunde, um die es bei Erwachsenen geht, denen ihre eigene Handschrift unangenehm ist.

Er hat ein Problem im Beruf und auch sonst. Sein Selbstbild, sein Image ist im Keller. Es geht diesen Menschen – und davon gibt es mindestens 20 Millionen in Deutschland – nicht und nie um Eitelkeit, also nicht darum, dass sie schönschreiben möchten – das wäre viel zu hochgegriffen.

Sie beanspruchen, und das dürfen Sie sich gern auch körperlich vor Augen führen, nur ein Minimum an seelischer Sicherheit.

Es geht diesen Menschen um die Überwindung eines diffusen Angstgefühls. Einer Art Bedrohung, die mit gefühltem Imageverlust und Persönlichkeits-Defizit verbunden ist.

Mich erschüttert dabei immer die Verzweiflung, die diese Menschen mit sich herumtragen. Denn die geht ganz oft mit ausgeprägter Prüfungsangst einher. Charakteristisch ist auch ein starkes allgemeines Minderwertigkeitsgefühl.

Und körperlich spürbar sind Herzklopfen und Schweißausbrüche, sobald etwas geschrieben werden muss. Diesen Menschen geht es allein um die Überwindung eines Traumas, um das Beenden einer jahrelangen seelischen Belastung. Wer unter Schreibangst leidet … der nimmt freiwillig keinen Stift mehr in die Hand.

Auch nicht wenn es sich um ein Prestigeobjekt handelt. Ein Füller ist kein Autoschlüssel. Man könnte spontan in die Situation geraten, damit schreiben zu müssen.

Und nichts fürchtet er mehr als DAS! Er meidet Schreibgeräte infolgedessen wie der Teufel das Weihwasser.

Leider kann ich an dieser Stelle nicht demonstrieren, wie es mir gelingt, Schreibangst in Freude am Schreiben umzuwandeln und bei manchem außerdem in künstlerische Schöpferkraft. Sogar das. Denn angstfreies Hantieren mit Stiften setzt Kreativität frei.

Und wenn er dann plötzlich da ist – der ersehnte Ausdruck –, dann öffnet sich ein ganz neues Territorium.

Kreativität ist das glücklich machende Synapsenspiel intuitiver Spontaneität. Das heißt, hier ist Echtsein gefordert. Authentisch und drauflos! Was gibt es Befreienderes?

Die neugewonnene Kreativität und Empathie – beides fällt bekanntlich ja auch mit unter den Begriff „emotionale Intelligenz" – manifestieren Souveränität und sorgen für eine positive Ausstrahlung. Wer das Schreiben beherrscht wie eine natürliche Eigenschaft, der steht im Leben einfach besser da.

Die schnelle Notiz

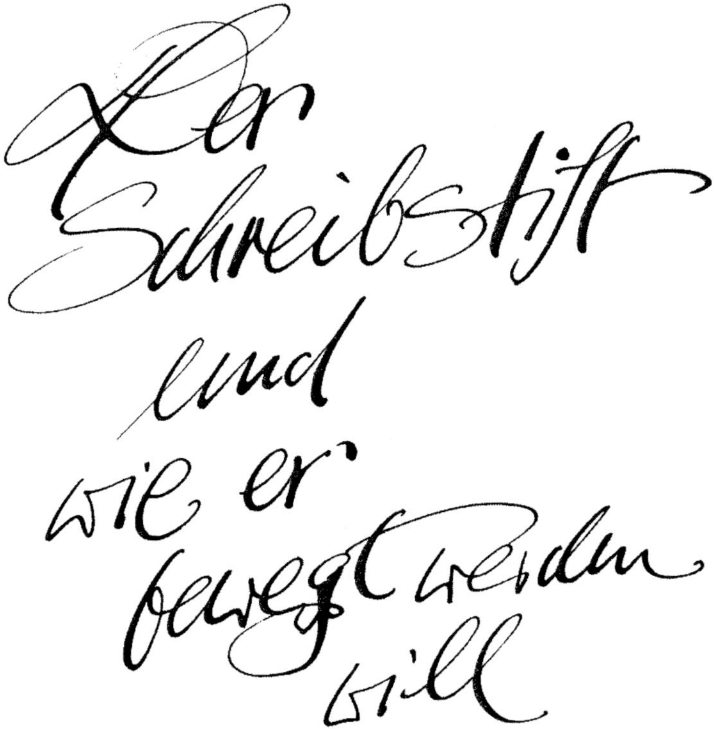

Der Zeigefinger ist der Schreibfinger!

Vorab: *Der Daumen fixiert den Schreibschaft (Stift oder Stiel) parallel zum Zeigefinger, das erste Mittelfingerglied trägt den Schaft, indem es leicht zur Handmitte hin abgewinkelt ist, während der ebenfalls (wie „gefächert“) abgewinkelte Ring- und kleine Finger eine Art Stütze oder Auflage bilden, die wie ein „Schlitten“ mit der Handkante in Schreibrichtung auf dem Papier entlang gleitet.*

Wer so schreibt, kann nicht aufdrücken.

Es ist ein innerer Antrieb, der die Schreibbewegung in Gang setzt, nicht die Hand. **Die Hand führt nur aus, was der Kopf befiehlt.** Wer meint, „gutes" Schreiben und eine „gute" Handschrift bedürften nur des richtigen Muskeltonus[29], hat das Schreiben möglicherweise nicht verstanden. Schreiben ist nicht mit Fingerübung zu bewältigen, und eine spezielle Schreibmotorik gibt es nicht. Wenn Füllerfabrikanten und Stifthersteller sich darauf einstellen, ist das sicher hilfreich.

Viele Kinder drücken beim Schreiben mit Stift oder Füller so sehr auf, dass es fast bis auf die Tischplatte durchdrückt. Dies geschieht zumeist aus **Unsicherheit**, weil sie krampfhaft versuchen, die Buchstaben richtig zu schreiben. Sieht man das Kind verkrampft schreiben, sollte man den Grund also *nicht nur* der Hand-Finger-Koordination anlasten, sondern auch mangelnder Schreibanleitung. **Verunsicherung ist nicht durch Korrektur zu beheben.** Wir kennen das auch von anderen Gelegenheiten. Wer unsicher Auto fährt, muss nachschulen und nicht nur das Auto wechseln. Wer nicht mit dem Computer umgehen kann, muss es lernen, statt sich einen anderen zu kaufen. Dasselbe gilt für das Hantieren mit *Schreib*stiften. Gibt man Anfängern, statt umfassender, keine oder falsche Stift-**Führungs**-Fingerzeige mit auf den Weg, darf man sich nicht wundern, wenn

[29] abwechselnde Kontraktionen einzelner Muskelfasern

Krähenfüße dabei herauskommen. Es geht also gleich zu Anfang um *drei* ***Wie**-Aspekte,* die berücksichtigt werden müssen: das erste *WIE* ist die richtige **Stift-Finger-Position**, das zweite *WIE* ist die richtige **Stift-Führung** und das dritte, *WIE* führe ich die **Buchstaben-Bewegung** richtig aus? Zu richtigem Schreib-Know-how gehört also mehr als Stift und Papier.

Aber was ist nun zuerst zu lehren? Antwort: Die Stifthaltung muss man im Auge haben, sobald Kinder anfangen, damit zu hantieren. Zum Beispiel wenn es ansetzt zu kritzeln, dann macht man es mit der eigenen Hand vor, so dass das Kind sich die Stift-Finger-Haltung abschauen kann, erst dann sollte man den Stift in die Kinderhand legen.

Wer den Stift parallel zum Zeigefinger hält, kritzelt und schreibt locker und leicht, weil die Stiftspitze „flacher“ (im spitzen Winkel) geführt wird. Kommentare wie „Drück nicht so auf!“ oder „Halte den Stift richtig!“ haben nur Sinn, wenn man einen logischen Alternativvorschlag parat hat.

Um diese **ergonomisch perfekte** Stifthaltung und -führung zu erklären, haben wir ein einfach und selbst herzustellendes Spiel entwickelt und ein Video ins Netz gestellt*: www.europhi.de/de/stift-geht-vor-schrift/,* das auch die Herstellung des Spieles erklärt. Es ist für Kinder ab vier Jahre, Jugendliche und Erwachsene geeignet (Kinder ab vier Jahre, wenn ein Erwachsener mitspielt und aufpasst, dass alles richtig verläuft).

Ohne Stift – keine Schrift, das steht fest. Fest steht aber auch, dass kein Stift der Welt, und sei er noch so teuer und schön, die Handschrift verbessert, wenn man nicht richtig schreiben kann.

Aber es gilt auch: Wie der Stift, so die Schrift! Denn schlechte Stifte können das Schreiben – vor allem aber das Schreiben*lernen* – zur Qual machen. Wir erinnern uns, was Friedrich Nietzsche sagte:

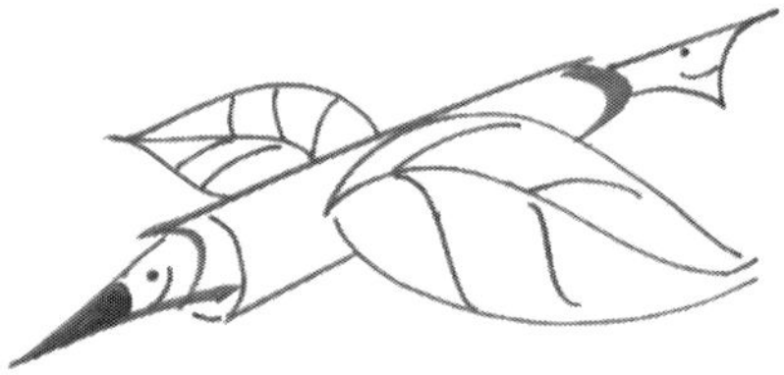

„UNSER SCHREIBZEUG ARBEITET MIT AN UNSEREN GEDANKEN.“

Spätestens im Kindergarten oder in der Vorschule sollte die richtige Hand-Stift-Haltung *verbindlich und nachhaltig* eingeübt werden. Wer von vornherein auf die richtige Handhabung achtet, erspart seinem Kind langwieriges Umtrainieren, was in der Schule – wo die Kinder sich auf die

Schrift konzentrieren sollen – ein zeitraubendes Handicap ist.
Grundschüler brauchen Stifte, die sich anfühlen wie *Handschmeichler,* die gut in der Hand liegen und sich von ihren kleinen Fingern leicht steuern lassen.

Die Auswahl des ersten offiziellen Schreibgerätes ist für Eltern von Schulanfängern verwirrend vielfältig. Die richtige Wahl ist extrem wichtig. Sie ist die erste Hürde auf dem Parcours des Schreibenlernens und kann gar nicht hoch genug eingestuft werden.

Schillernde Farben, Elfen, Totenschädel oder Comicmotive auf den Stiften tragen leider nichts dazu bei, dass Kindern und Erwachsenen das Schreibenlernen leichtfällt oder dass der Stift beim Schreiben gut in der Hand liegt – das können kurze, leichte, runde Stifte besser. Dasselbe gilt für Füllfederhalter und Tintenroller: Der Schaft soll rund (nicht dreieckig und nicht mit Griffmulden oder Einkerbungen versehen) sein. Filzstifte sind für erste Übungen ungeeignet, weil sie beim Buchstabentraining zu schnell die Farbe abgeben.

Den optimalen Stift finden Sie, wenn Sie folgende Kriterien berücksichtigen:

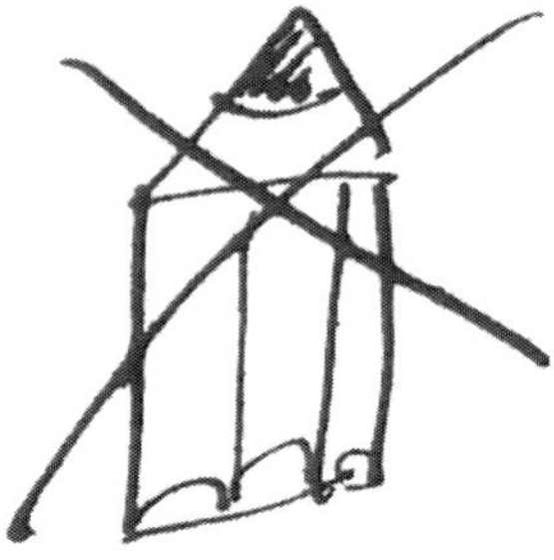

- Größe der Hand
- Länge der Finger
- Länge des Stiftes
- Form des Stiftes (rund)
- Material des Stiftes (Kunststoff, lackiertes Holz usw.)
- Gewicht des Stiftes
- Beschaffenheit der Bleistiftmine (mit gutem Farbabrieb [ab 2B])
- Beschaffenheit der Füllerfeder (sie muss elastisch sein)
- Farbe und Fließfähigkeit der Tinte

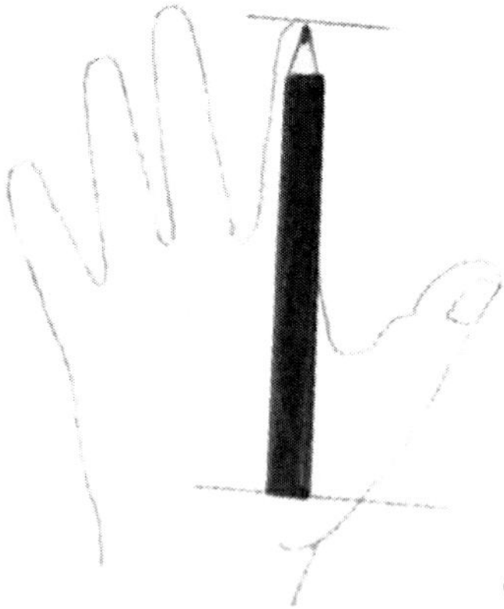

- Richtige *Handschmeichler* sind kurz und werden die Länge der Hand nicht überragen.

Wer nachvollziehen möchte, wie Schreiblerngeräte für Kinder in der Hand liegen und sich anfühlen sollten, kann das selbst und in der eigenen Hand testen. Man braucht nur einen einfachen Kugelschreiber in die Hand zu nehmen und zu überlegen, wie er

> sich in der Hand anfühlt, ist er groß oder eher klein, ist er dünn oder dick, ist er leicht zu handhaben? Wie liegt er in der Hand und wie lässt er sich zwischen den drei Schreibfingern bewegen? Lässt er sich leicht über das Papier führen? Diese Fragen sind bei der Wahl des richtigen Schreibgeräts vor allem für Kinder *elementar*. Später können andere Kriterien eine Rolle spielen. Aber für Schreibanfänger, die den Umgang mit Stiften erst noch lernen müssen, bevor sie Buchstaben schreiben, ist es wichtig, dass ihnen die *Technik* des Schreibens, das Koordinieren von Hand und Stift, so leicht wie möglich gemacht wird.

Die optimale, sehr individuelle Stiftlänge können Sie ermitteln, indem Sie den Stift so in die Hand legen, dass die Stiftspitze mit der Spitze des Zeigefingers abschließt. Die Stiftlänge sollte nicht über die Handfläche (unterhalb des Daumens) hinausragen. Das Schaftende sollte bei richtiger Schreibhaltung gut in der Beuge zwischen Zeigefinger und Daumen aufliegen.

Sie sehen, dass das Größenverhältnis von Erwachsenenhand zu Kugelschreiber (Erwachsenenschreibgerät) leicht auf Kinderhand und -stifte übertragen werden kann. Vergleichen Sie es dann mit den Schulschreibgeräten, werden Sie feststellen, dass da etwas nicht stimmt. Die meisten Kinderstifte sind für Kinderhände viel zu groß.

Kein Wunder also, dass bei Kindern Schreibprobleme zunehmen.

Wie sollen Kinder, deren Hände ja wesentlich kleiner sind als die Hände Erwachsener, mit klobigen Geräten entspannt und fröhlich drauflosschreiben können?

Wenn Kinder keine kleinen, schmalen Schreibgeräte bekommen, sondern stattdessen mit klobigen Stiften hantieren müssen, kann man sich doch nicht darüber wundern, dass die Sensomotorik nicht verbessert wird und dass statt lesbarer Schriftzeichen „Hühnerspuren“ entstehen. Sperrige, unhandliche Malstifte fördern weder die Feinmotorik für das Zeichnen, noch trainieren sie mäandernd fließende Schreibtechnik.

Die optimale Beschaffenheit für Erwachsenenschreibgeräte – ob Bleistift, Kugelschreiber oder Füllfederhalter – ist seit vielen Jahren bekannt und man weiß, dass Schreibgeräte in Hammerstiel- oder Luftpumpengröße unvorteilhaft sind. Für Kinder aber produziert man sie. Wieso?

Kurze Skier, kurze Zahnbürsten, kurzes Besteck, alles ist kindgerecht verkleinert – proportional an Kindergröße angepasste Gebrauchsgegenstände gibt es also zuhauf. Doch Mal-, Zeichen- und Schreibgeräte für Kinderhände werden seit Jahren immer größer und unhandlicher produziert und überschreiten inzwischen sogar den Maßstab (im Verhältnis) für Erwachsene.

So viel zur Länge des Stiftes, nun zu seiner Stärke und zu seiner Steuerbarkeit. Der Stift wird beim Schreiben nämlich übers Papier *gesteuert* und nicht (wie beim Kritzeln) nur *rasch hin und her bewegt.*

Und der Stift selbst wird ja auch nicht bewegt, er ist nicht biegsam, als wäre er aus Gummi, sondern so starr wie Essstäbchen.

Während man den Stift an den Linien entlang durch das Heft steuert, wird er zwischen den Schreibfingern ständig leicht bewegt, und zwar während des gesamten Schreibprozesses, ohne dass man es überhaupt registriert. Sporadisch und für die Augen unbemerkt, drehen Daumen und Zeigefinger den Stift vor und zurück. Das tun sie, weil das Material des Stiftes (Naturholz, lackiertes Holz oder Plastik) durch den Druck der Finger an den Griffstellen punktuell erwärmt wird und es dort zu erhöhter Schweißbildung kommt, also zu Feuchtigkeit zwischen Stiftoberfläche und Schreibfingern. Aufregung, Herzklopfen oder Angst können die Stiftoberfläche in eine glatte Rutschbahn verwandeln.

Doch auch während des normalen, unaufgeregten Schreibvorgangs gleiten die Finger immer wieder langsam in Richtung Spitze am Stift entlang – sie rutschen nach unten. Schon minimales Drehen des Stiftes sorgt für Abkühlung und bewirkt, dass die drei Schreibfinger kühlere, trockenere Stellen am Stift greifen, die dann wieder ein sicheres Steuern des Stiftes ermöglichen; zudem entspannt die kurze Drehbewegung auch noch etwas die Fingermuskulatur.

Das Herunterrutschen der Schreibfinger in Richtung Stiftspitze ist also ein zwangsläufiger Impuls des Gehirns, um die Temperatur des Stiftes mittels Schweißabsonderung über die Haut zu regulieren, was wiederum auch die reflexartige Dreh- oder Rollbewegung verursacht.

Erkenntnis: *Rutschen und Drehen* gehören zum Mit-dem-Stift-Schreiben wie Fingerfeuchtigkeit auf Klaviertasten. Es ist unabwendbar.

Solchen natürlichen Reflexen entgegenwirken zu wollen, indem Querrillen, Noppen, wulstige Ringe und stumpfe Griffzonen an Kinderstiften und Füllfederhaltern angebracht werden, ist ebenso sinnlos und störend wie „Griffmulden" und Dreieckstifte.

So viel zum unbewussten und notwendigen *Rollreflex*. Aber es gibt noch einen weiteren, ebenso pragmatischen Grund, den Stift zu drehen: Alle Minen schreiben sich ab und werden breit, durch minimales, kontinuierliches Weiterdrehen, Stück für Stück, wird das Anspitzen bewusst verzögert.

Diese Technik lässt der Füllfederhalter leider nicht zu, weil die Feder spitz und aus Metall ist. Aus diesem Grund wurde an der Spitze eine kleine *Kugel* angebracht. Diese *Federverstärkungen* schreiben sich je nach Schreibgewohnheit seines Besitzers so stark ein, dass auch hier nur noch ein und dieselbe Hand-Füller-Haltung und keine Drehbewegung mehr möglich ist, insofern schreibt es sich mit Füllerfederhalter-Feder weniger *schwungvoll* als mit Blei- oder Buntstift. Dafür aber haben manche Füller so elastische Federn, dass sie beim Schreiben sogar federn können, was schmale und breite, sogenannte *Schwellstriche* erzeugt. Diese Art des Schreibens ist neben dem Schreiben mit dem Bleistift die beste. Das Schriftbild ist lebendig, die Muskulatur der Schreibhand wird nicht überanstrengt und die Schreibbewegung wird mit der (Schul-)Zeit immer fließender.

Zurück zum ersten Kinderstift: Der Schaft muss *schmal, kurz, glatt* und *rund* sein. Doch nicht nur das, auch *weich. Weich* bezieht sich auf den Farbabrieb der Mine. Sie sollte leicht schreibbar sein und unter leichtem Druck der Kinderhand schon eine deutliche Schreibspur erzeugen. Für Bleistifte gilt das ab Stärke 2B – Buntstifte haben diese

Einstufung leider nicht, deshalb muss man sie ausprobieren.

Glatte, kurze, runde und weiche Bleistifte lassen sich über das Papier ziehen und schieben, als seien sie wie ein zweiter Zeigefinger an der Hand festgewachsen.

Gesteuert wird der Stift von der Schreibhand mittels Daumen und Zeigefinger, während sein vorderes Drittel auf dem leicht zum Handinneren hin abgeknickten ersten Glied des Mittelfingers liegt. Geführt wird der Stift im vorderen Drittel des Schaftes und geschrieben wird mit der Spitze.
Schreiben ist ein relativ schneller Vorgang, und die Spitze des Stiftes beschreibt weite große und kleine Schwünge in alle Richtungen, besonders aber nach rechts, um das Wort lesbar zu machen. Diese flotte Vorwärtsbewegung der *Finger* drängt die *Hand* so energisch nach rechts, dass sie die Stiftspitze blitzschnell anheben, weiterrücken und wieder aufsetzen muss, um überhaupt waagerecht in *einer Linie* schreiben zu können. Tut die Hand das nicht, entsteht ein wirres Strich-Knäuel-Gekritzel auf dem Papier, das kein Mensch entziffern kann.
Die erwähnten Schreibausschläge nach oben, unten sowie rechts und links bringen uns an einen Punkt, den ich die *Schreibbewegungsachse* nenne.

Es ist jener *Berührungspunkt*, der sich immer dort befindet, wo Daumen und Zeigefinger den Stift halten und führen, er beeinflusst den Schreibstil so stark, dass man darauf achten muss, dass er im vorderen Drittel des Stiftes liegt. Und weil er äußerst flexibel ist, rutscht er am Stift auf und ab. Oberhalb des vorderen Stiftdrittels darf er aber nicht liegen, weil Schreiben dann so gut wie unmöglich ist. Jeder Mensch hat seine eigene, seiner individuellen Schreibweise angemessene Schreibbewegungsachsen-Grundhaltung. Wer seinen Stift richtig in die Hand zu nehmen weiß, kann ihn auch souverän durch das Alphabet steuern.

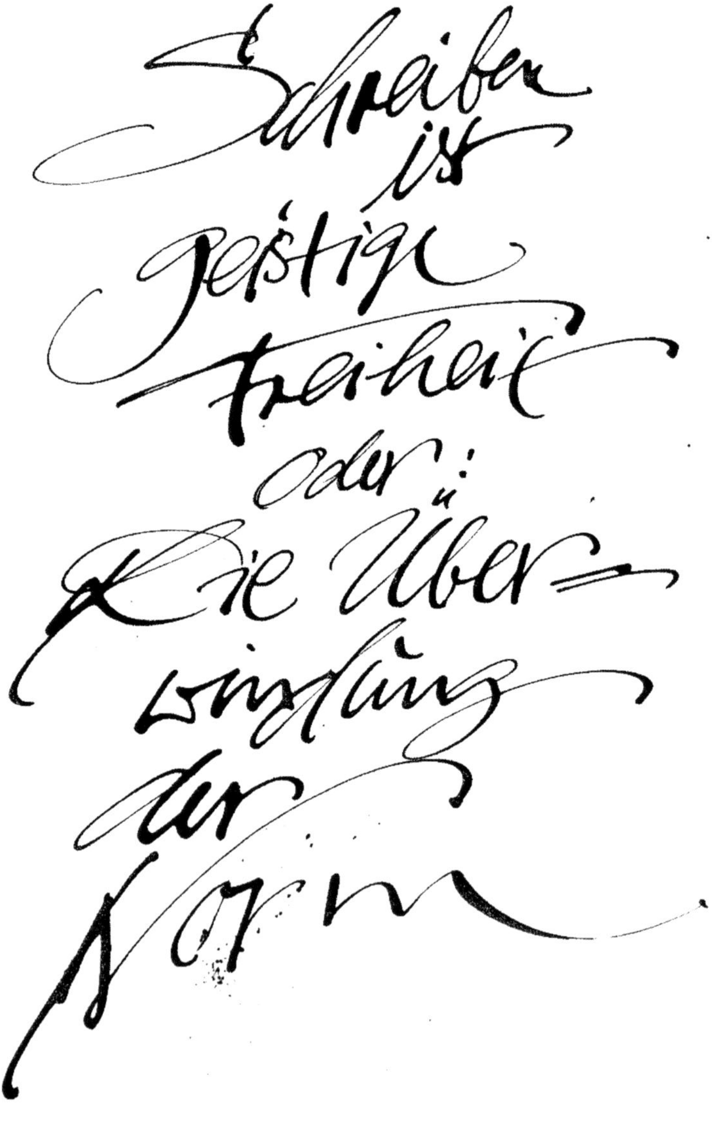
Schreiben
ist
geistige
Freiheit
oder
die Über-
windung
der
Form

Sie war 30 Jahre alt, als wir uns kennenlernten, meine Handschrift und ich. Bis dahin hatte ich sie eigentlich nie wirklich wahrgenommen. Auch während der Schulzeit war sie nicht besonders aufgefallen oder hätte Anlass zur Bewunderung und Anerkennung gegeben. Sie war Mittel zum Zweck gewesen – mehr nicht.

Und ich dachte auch keine Sekunde an sie, als ich während meines Kunststudiums der Kalligrafie begegnete.

Mit einer 5 mm breiten Bandzugfeder zogen wir, die „Schönschrift-Anwärter", krampfhaft und unbeholfen breite Halbkreise, Diagonalen und senkrechte Striche über Rechenkästchenpapier. Stapelweise. So lange, bis die Feder willig war und nicht mehr ständig ausriss, um eigene Spuren zu hinterlassen. Dann krümmten sich Buchstaben auf dem Papier und wenig später krochen ganze Wörter aus den Federn. Eines besser als das andere und stets bestrebt tausend Mal besser zu werden als das Wort zuvor. Langsam wurden sie schön. Aber *richtig schön* waren sie erst, wenn man ihnen kleine Schnörkel verpassen konnte.

Während meines ersten Studiums hatte ich acht Semester Typografie studiert, war also mit Buchstabenproportionen bestens vertraut, und so ging mir auch das Zusammenfügen kalligrafischer Schriftzeichen gut von der Hand.

Zum Ende des Kalligrafie-Semesters mussten wir in der Lage sein, eine etwa 50 x 70 cm große Papierfläche in Schönschrift vollzuschreiben. Möglichst mit Aquarellfarbe auf Ingrespapier, das war sehr beliebt – offenbar schon immer.

Ehrfurchtsvoll schauten wir zu den Semesterarbeiten unserer Vorgänger auf, die aus blitzblanken Glasrahmen auf uns hinabsahen: Geschrieben wie gedruckt. Seit ich selbst kalligrafierte, beäugte ich sie aufmerksamer.

Ich starrte auf die so haarfeinen, makellosen Buchstäbchen: in Sepiagraublauschwarz, Indigoblau, erdigem Umbra und Siena.

Kalligrafie ist eine ernsthafte Kunst, die verträgt nur gedeckte Farbigkeit, lernten wir. Ruhig und gesetzt sollte es sein, passend zu den Texten, die wir schrieben: Lyrisches, Tragisches und Bibeltexte, wenn's hochkam, auch mal Märchenhaftes.

Ich übte und schrieb und übte und schrieb. Im Hinterkopf immerzu diesen halben Quadratmeter Ingrespapier, der mit Buchstaben ausgefüllt werden sollte: als Beweis meines Könnens.

Meine Kommilitonen dachten das Gleiche wie ich, wenn wir, tief übers Papier gebeugt, still und hoch konzentriert wie gebannt auf die von Tinte triefende Federspitze starrten: „Bitte lass den Buchstaben gelingen, die Tinte ausreichen und niemanden husten! Bloß nicht erschrecken oder zittern oder falsch atmen! Dann ist alles hin."

„Wie eine Kathedrale …", flüsterte jemand neben mir, „… der erste Strich ist wie der Grundstein einer Kathedrale!"

Das Kathedralengefühl meines Tischnachbarn hatte in mir einen Stein ins Rollen gebracht, der mir schon lange als Frage auf dem Herzen lag: „Warum bloß muss ich so schreiben können wie alle anderen, wie früher die Schreibmönche in kalten Skriptorien, wie Kalligrafen es seit 2.000 Jahren tun und wie jetzt meine Tischnachbarn?“ Das ist keine Kunst.

Wenn alle demselben Resultat zustreben sollen, dessen Ziel es ist, vorgeschriebene Formen nachschreiben zu können, ohne den Hauch einer persönlichen Note, dann ist das Unterwerfung und Zwang und keine Kunst.

Kunst soll den Menschen trösten und tragen, sie soll Kraft geben und den Geist erfrischen.

Kalligrafie kann das nicht. Erbaulich an den von ihr genutzten Texten ist der Gedanke des Dichters, nicht die Schönschrift, sie gibt der Schöpferkraft des Denkers nur einen „goldenen“ Rahmen. Kalligrafen *lassen* denken, sie schreiben Worte, für die sie nicht verantwortlich sind – ihr Anteil am geschriebenen Wort ist das „Outfit“, nicht der Sinn. Sie sind manuell beteiligt, nicht intellektuell.

Verstehen Sie mich richtig: Ich verachte das Handwerk der Kalligrafie nicht. Aber es ist keine Kunst. Und es hat auch keine Chance, darin zu münden. Erstens weil der einzigartige persönliche Anteil des Künstlers – der Kunst nun einmal ausmacht – fehlt. Zweitens weil der, der sich dem dekorativen Muster verschreibt, in seinem Kopf ein Programm hat, das auf das *Schönsein* ausgerichtet ist und nur das eine Ziel hat: Dekoration. Ich will Geist und Gefühl, ich will mich wiedererkennen in meiner Kunst. Sie soll mir antworten.

Dazu muss sie meine Sprache sprechen. Doch die einzige Schrift, die mir antworten kann, ist meine Hand-Schrift. Ich schreibe Hand-Schrift hier mir Bindestrich, weil ich Wert darauflege, dass sie als das erkannt wird, was sie wirklich ist: Sie ist die Schrift der *eigenen* Hand, nicht irgendeine Handschrift oder Schreibschrift. Was ja oft verwechselt wird.

Meine Hand ist in der Lage, eine Schrift zu entwickeln, die nur *mir* gehört und die jeder als *meine* erkennt, durch die ich sogar identifiziert werden kann. Das ist wesentlich mehr als meine Unterschrift. Es ist das, was meine Hand zeigt, sobald ich eine schnelle Notiz mache oder Tagebuch schreibe, das ist ihre Schrift. Meine. Jeder Mensch hat seine eigene, unverwechselbare und charismatische Schreibtechnik. Die eigene Handschrift ist verlässlich. Sie ist eine Orientierungshilfe in einer Welt, die verwirrend ist und immer verwirrender wird. Die Handschrift ist die einzige Konstante, die noch da ist, wenn alles andere längst vergangen ist. Schreiben ist Mensch sein.

"Wie kann ich meinem Kind helfen?"

Um die **mühelose Beherrschung** der Schreibschrift-Buchstaben und den *Flow-Effekt des Schreibens* zu erlernen, gelten bestimmte Spielregeln.

→ die erste und **wichtigste Regel**: das **Erklären** des Konzeptes (Lehrverpflichtung), Beschreibung des Ablaufs (Weg) und was man davon hat, ihm zu folgen (Ziel)

→ dann folgt das Erlernen der richtigen **Stiftführung** mittels Stäbchenspiel

→ dem folgt das Verstehen der **Buchstabenelemente** *(a = c + i)* und deren Bezeichnungen

→ dem folgt das Erkennen der **sechs Typo-Gruppen**

→ dem folgt das Trainieren der spezifischen *Ineinander-übergehen*-**Technik des Schreibens** *mit der Hand* (ist für Links- und Rechtshänder gleich)

Das Alphabet liegt hier grundsätzlich in der üblichen Reihenfolge von a bis z + ß + 3 Umlaute sowie A bis Z + 3 Umlaute zugrunde – auch wenn das Erlernen hier in **anderer Reihenfolge** praktiziert wird. **Großbuchstaben** können nach dem *Kleinbuchstaben-Prinzip* entwickelt werden.

Die Original-Übungsblätter im
DIN-A4-Format
können hier heruntergeladen werden:

www.europhi.de/de/quadrate-linien

Die folgenden Seiten

können Kinder (ab ca. zehn Jahre)

auch selbst lesen.

Viel Spaß!

TIETUS©

stellt den Schönschreibzwang in den Schrank!
Das Buchstaben-kapier-Konzept,
eine Schreiblern-Methode besonders für Jungen.

Hallo, ich bin ein Junge und heiße Tietus. Von mir erfährst du, was schreiben ist, wie genial es ist, Buchstaben zu verbinden und was man davon hat.

Mein Name ist *Tie-tus* mit ie von *to tie* – das ist Englisch, bedeutet **verbinden** und wird auf Englisch *tei* oder *tai* ausgesprochen. Auf Deutsch sagt man aber *ti* oder *tie* – **ie** wird im Deutschen ja auch wie **i** ausgesprochen.

Damit ist schon mal klar, dass man niemals einfach so drauflosschreiben darf, einfach so, wie man spricht. Das darf man in keiner Sprache. Sonst ist alles voller Fehler. Ich sage das schon mal gleich am Anfang. Die Buchstaben, die ich hier zeige, sind nämlich für fast alle Weltsprachen zu gebrauchen, nicht nur für Deutsch.

Das ist absolut genial: 59 Buchstaben für mehrere Sprachen, und du brauchst nur einmal zu lernen, wie sie *geschrieben* werden.

In anderen Sprachen werden sie unterschiedlich ausgesprochen, auf Englisch, Französisch, Spanisch usw. Und Lateinisch natürlich, denn es sind ja lateinische Buchstaben. Da muss man aufpassen.

Die lateinischen Schulschreibschrift-Buchstaben sind etwas Besonderes. Sie sind zum Verändern durch Kinderhände gemacht worden. Kinder sollen damit schreiben lernen und so ihre eigene Handschrift finden. Jeder Mensch hat seine eigene Handschrift, wie er eine eigene Stimme hat.

Wenn du anfängst zu schreiben, achte darauf, dass du deine Handschrift magst, das ist ganz wichtig. Du musst es dir unbedingt merken. Für später.

Die Buchstaben, um die es hier geht, sind besonders, weil sie „beweglich“ sind. Denn in dem Moment, indem man anfängt, sie zu schreiben, bewegt und verändert man sie.

Kein anderes lateinisches Alphabet ist zum Bewegen und Verändern gemacht. Nur das Schul-Abc mit dem man schreiben lernt. Es wird DEINE Schrift.

Jetzt stell dir mal vor, dein Füller ist ein Rennwagen, und du bist der Pilot, der ihn von oben steuert, die Bahnen, auf denen du fährst, sind im Schreibheft, die Streifen zwischen den Linien und die Linien selbst sind die Bande, also die gepol-sterten Mauern, zwischen denen du fährst. Die darfst du zwar berühren. Aber du darfst nicht zickzack fahren, sonst krachst du dagegen und fliegst mit dem Kopf voraus in die Zuschauermenge.
So, und damit das nicht passiert und du auch nicht im Zickzack über die Buchstabenrennstrecke eierst, habe ich mir etwas ausgedacht.
Eine Methode, die dich so schreiben lässt, dass die Buchstaben unten rund sind und im Bogen auf die Linie treffen. Denn darauf kommt es an.

Du siehst dir jetzt erst einmal die Einzelbuchstaben des Alphabets an. Weil du damit aber nicht viel anfangen kannst – Wörter bestehen ja immer aus mehreren Buchstaben –, ist es wichtig, die Einzelbuchstaben in Verbindung mit anderen Buchstaben zu sehen und sie auch so zu schreiben, also immer in Paaren.

Diese Verbindungen musst du üben.

Am besten beginnst du mit den Buchstaben aus der Gruppe **e-l-i-u-ü-t**, weil sie die leichteren sind.
Schreibe sie so lange in Quadrate, bis du die Bewegung kannst und sie sich wie von allein schreiben.
Dann schreibst du auf Vierer-Linien und danach auf normalen Einzellinien ins Heft.
Weil alle Schüler unterschiedlich schnell lernen, kann man in einem Buch nicht schreiben: „Mach genau dies oder genau das.“ Deshalb empfehle ich, die Reihenfolge, die hier angegeben ist, auch für diejenigen, die sich schon einmal **allein** eine Schrift (Druckschrift, Vereinfachte Ausgangsschrift, Schulausgangsschrift oder Grundschrift) beibringen mussten. Denn diese Schreibtechnik ist etwas ganz anderes als Schönschreiben oder „drucken“. Hier lernt man richtig *schreiben*.

Es gibt Schüler, die das Alphabet schon kennen, bevor sie hier anfangen, bei denen klappt das Verstehen der neuen Technik vielleicht schon über Nacht. Bei anderen dauert es sechs Wochen, aber die meisten schaffen es in vier. Länger sollte es nicht dauern. Also streng dich an (lach, grins)!
Wer als Anfänger ganz von vorn anfängt, hat es am besten, denn er kann sich Zeit lassen.

Natürlich muss man nicht alle 1.770 Verbindungen lernen. Du musst nur **verstehen**, dass die Schreibtechnik aus den **ineinander übergehenden Verbindungen** besteht. Die Verbindungen der Kleinbuchstaben mit „Oberleitung“: b, o, ö, r, v, w, x, sind eine Herausforderung, weil die folgenden Buchstaben nicht auf der Grundlinie, sondern oben beginnen. Das muss man üben.
Als Arbeitsmaterial brauchst du die großen und kleinen Quadrate, einen kurzen, runden 2B-Bleistift und sonst nichts. Aber bitte: Nie radieren! Sondern immer gleich wieder neu anfangen.
Beherrschst du die Buchstaben e und l, kannst du sie auf den Linien schreiben, und zwar immer in wechselnder Reihenfolge: el, le, ell, lel, elel usw. Während die

Buchstaben geschrieben werden, musst du sie beim Namen nennen, sie aussprechen. Das kannst du laut tun oder still vor dich hin. Laut ist aber besser als leise. Das Aussprechen hat einen guten Grund. Indem du den Laut des Buchstabens sagst und ihn gleichzeitig schreibst, verknüpft sich im Kopf die „Das-merk-ich-mir-Netzwerkleitung“, *Synapsenverschaltung* nennt man das. Das heißt, du merkst dir das, was du da grad machst, leichter, als würdest du „schön schreiben“ und dabei an „schön“ denken. Wer will das wohl? Jungs jedenfalls nicht.

Kannst du e, l und i, schreibst du eli, eil, ilei und stellst fest, dass sich die Laute der Buchstaben verändern: aus e + i wird ei (wie das Hühnerei) und i + e bleibt i, wenn man es ausspricht, p + h wird plötzlich f gesprochen (aber nicht geschrieben). Sowas kann einen zum Wahnsinn treiben. Aber nicht dich! Du bist besser; du wirst schlauer sein als das Abc … Denn wegen dieser Buchstabenkungelei habe ich die „Ich-leg-das-Abc-rein-Taktik“ entwickelt, die dir hilft, die Wörterfallen zu umfahren, die das Schreiben dir stellt. Hier ist ein Satz voller Fallen:

> Vase wird Wase wie Wasser, und Veilchen fallen viel weniger auf, wenn sie vor der Vase verwesen.

Am Klang kann man die Schreibweise jedenfalls nicht immer erkennen. Aber es hilft, wenn man sich alles genau ansieht und einprägt. Darum wird bei jeder ***neuen* Buchstabengruppe** die alte, die du schon kannst, mit hineingenommen. So können am Ende, wenn du die 30 Buchstaben beherrschst, schon ellenlange Wörter geschrieben werden.

autoreifenwaschanlagenverbindungsschlüsselringmäßig

Das ist hochinteressant und kann sich sehr lustig anhören. Manche Quatschwörter sind aber auch noch anders lehrreich, weil sie die falsche Schreibweise aufdecken, die du dann richtig schreibst. *Fata* ist ja nicht *Vater*, klingt aber so ähnlich. Das weißt du bald alles und kannst die Schreibfehler anderer Kinder sehen, weil **du** die *richtige* Reihenfolge kennst. Darum ist das **Buchstaben-durcheinander-Schreiben-und-laut-Mitlesen** ganz wichtig. Lachen ist erwünscht! Es muss aber immer ein Erwachsener neben dir sitzen und das alles mitmachen.
Auch das Lachen.

Nach **eliuüt** kommt die Gruppe **caäd,** dann sind es schon zehn Buchstaben. Versuche auszurechnen, wie viele Zweier-, Dreier-, Vierer-, Fünfer-, Sechser-, Siebener-, Achter-, Neuner- und Zehner-Kombinationen die ergeben können. Du wirst Augen machen. Aber wirklich!

Wörter von hinten schreiben ist auch sehr lustig ehrlich – hcilrhe! oder: chilrhe –, wie man will.

Sollte es Erwachsene geben, die das unsinnig finden, dann sage ihnen, dass es hier um das richtige Erlernen der **Buchstaben** und das Vermeiden ihrer Fallen geht, „nicht um Ottogravie-hihi!" (Orthografie heißt auf Deutsch *Rechtschreibung)* – die lernst du, sobald du die Buchstaben beherrschst. Erst kommen die Buchstaben dran – dann die Wörter. Eines nach dem anderen. Buchstaben beherrscht man, wenn man sie „automatisch" schreiben kann, ohne über sie nachzudenken. Und das üben wir jetzt.

Regel Nr. 1: Den Ablauf und das Ziel verstehen

(hier das Konzept im Überblick – die Einzelanleitung folgt weiter hinten)

Als Erstes **kopierst** du die Seiten mit den Quadraten, damit du genug zur Verfügung hast. Kleiner Trick: Du kannst die Seiten im Copyshop laminieren lassen oder sie in eine glatte Klarsichthülle stecken. Dann kannst du mit einem abwischbaren Filzstift schreiben.

Du schreibst den Buchstaben, der dran ist, *zuerst einzeln* in die **großen Quadrate**, dann in die **kleinen**. Hast du beide Seiten mit dem Buchstaben ausgefüllt, hast du ihn 120 Mal geschrieben. Dann beherrschst du ihn. Wenn du vorher schon das Gefühl hast, dass du ihn beherrschst, kannst du anfangen, Buchstaben*paare* zu schreiben *(zum Beispiel ee, ll, ii* oder *ei, el* und so weiter). Je eher du ineinander übergehend schreibst, desto besser.

Wenn du ganz sicher bist, dass du die Buchstabenpaare beherrschst, gehe auf die Linien (natürlich nicht mit den Füßen, nur mit dem Stift) und schreibe dort hinein. Du kannst die neuen Buchstaben mit denen, die du schon gelernt hast, kombinieren. Lass dir aber vorher erklären, wie sie klingen. Das Prinzip lautet also:

- Einzelbuchstabe aussprechen und in die Quadrate schreiben
- Buchstabenpaare bilden, aussprechen und in die Quadrate schreiben
- Buchstaben untereinander mischen, die Kombination aussprechen und auf die Linien schreiben
- Buchstaben untereinander mischen, Dreier-Kombinationen bilden, aussprechen und auf die Linien schreiben
- Je mehr Buchstaben beherrscht werden, desto mehr Kombinationen bilden, aussprechen und nach Klang- und Schreib-Fallen suchen, laut lesen, Fehler bestimmen und korrigiert aufschreiben

Das Dorendorff-Prinzip

Es werden Buchstaben und *Buchstaben in Kombination* erlernt (keine Wörter). Jeden Buchstaben aussprechen, in die Kästchen schreiben, dann kombinieren und dann auf die Linien. Aber nie allein arbeiten - immer gemeinsam mit einem Erwachsenen lernen.

24 Übungs-Quadrate (groß)

96 Übungs-Quadrate (klein)

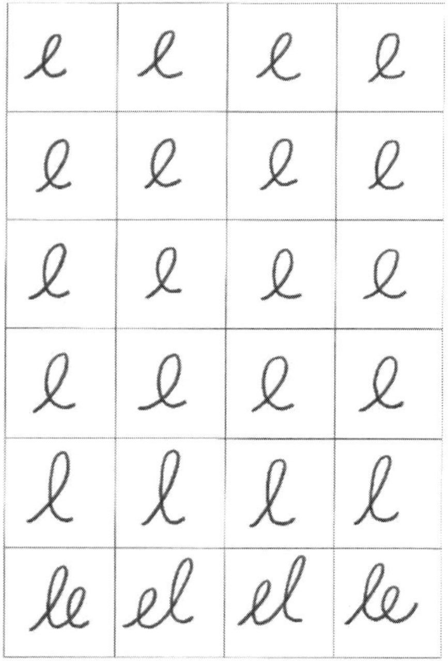

Schreibbeispiel für die 24er-Quadrate

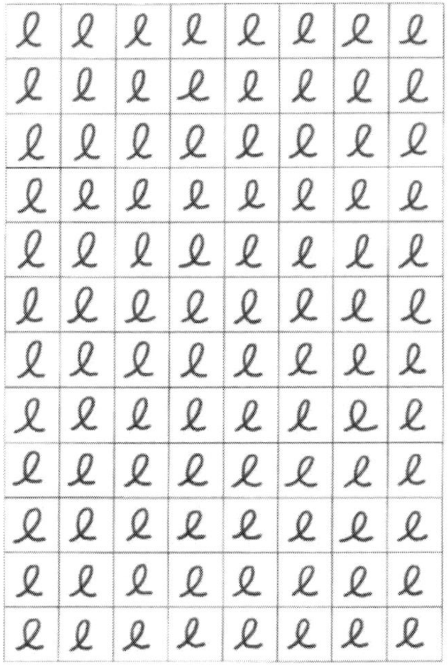

Schreibbeispiel für die 96er-Quadrate

4er-Übungslineatur für die richtige Proportion

Regel Nr. 2:
Die Buchstaben, ihre Form, ihren Klang und ihre Verbindungen ansehen und verstehen

Das DorenDorff-Alphabet in 1.770 Buchstabenpaaren von *aa-ab-ac* bis *ßü*

A	a		B	b		C	c		D	d	
	E	e		F	f		G	g		H	h
I	i		J	j		K	k		L	l	
	M	m		N	n		O	o		P	p
Q	q		R	r		S	s		T	t	
	U	u		V	v		W	w		X	x
Y	y		Z	z		Ä	ä		Ö	ö	
	Ü	ü		ß							

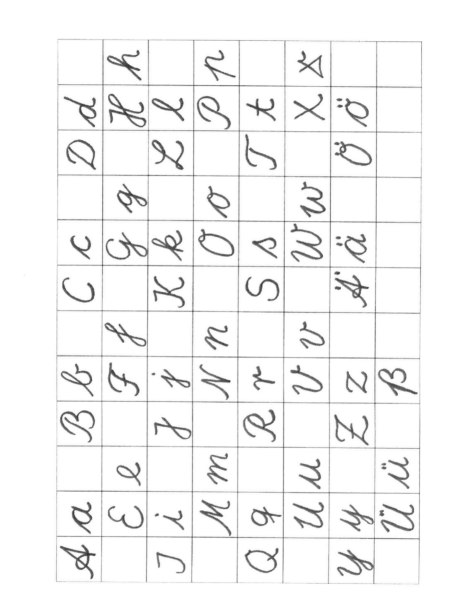

aa	ab	ac	ad	ae	af	ag	ah	ai
aj	ak	al	am	an	ao	ap	aq	ar
as	at	au	av	aw	ax	ay	az	aß
aä	aö	aü				Aa	Ab	Ac
Ad	Ae	Af	Ag	Ah	Ai	Aj	Ak	Al
Am	An	Ao	Ap	Aq	Ar	As	At	Au
Av	Aw	Ax	Ay	Az	Aß	Aä	Aö	Aü

ba	bb	bc	bd	be	bf	bg	bh	bi
bj	bk	bl	bm	bn	bo	bp	bq	br
bs	bt	bu	bv	bw	bx	by	bz	bß
bä	bö	bü				Ba	Bb	Bc
Bd	Be	Bf	Bg	Bh	Bi	Bj	Bk	Bl
Bm	Bn	Bo	Bp	Bq	Br	Bs	Bt	Bu
Bv	Bw	Bx	By	Bz	Bß	Bä	Bö	Bü

ca	cb	cc	cd	ce	cf	cg	ch	ci
cj	ck	cl	cm	cn	co	cp	cq	cr
cs	ct	cu	cv	cw	cx	cy	cz	cß
cä	cö	cü				Ca	Cb	Cc
Cd	Ce	Cf	Cg	Ch	Ci	Cj	Ck	Cl
Cm	Cn	Co	Cp	Cq	Cr	Cs	Ct	Cu
Cv	Cw	Cx	Cy	Cz	Cß	Cä	Cö	Cü

da db dc dd de df dg dh di

dj dk dl dm dn do dp dq dr

ds dt du dv dw dx dy dz dß

dä dö dü Da Db Dc

Dd De Df Dg Dh Di Dj Dk Dl

Dm Dn Do Dp Dq Dr Ds Dt Du

Dv Dw Dx Dy Dz Dß Dä Dö Dü

ea	eb	ec	ed	ee	ef	eg	eh	ei
ej	ek	el	em	en	eo	ep	eq	er
es	et	eu	ev	ew	ex	ey	ez	eß
eä	eö	eü				Ea	Eb	Ec
Ed	Ee	Ef	Eg	Eh	Ei	Ej	Ek	El
Em	En	Eo	Ep	Eq	Er	Es	Et	Eu
Ev	Ew	Ex	Ey	Ez	Eß	Eä	Eö	Eü

fa	fb	fc	fd	fe	ff	fg	fh	fi
fj	fk	fl	fm	fn	fo	fp	fq	fr
fs	ft	fu	fv	fw	fx	fy	fz	fß
fä	fö	fü				Fa	Fb	Fc
Fd	Fe	Ff	Fg	Fh	Fi	Fj	Fk	Fl
Fm	Fn	Fo	Fp	Fq	Fr	Fs	Ft	Fu
Fv	Fw	Fx	Fy	Fz	Fß	Fä	Fö	Fü

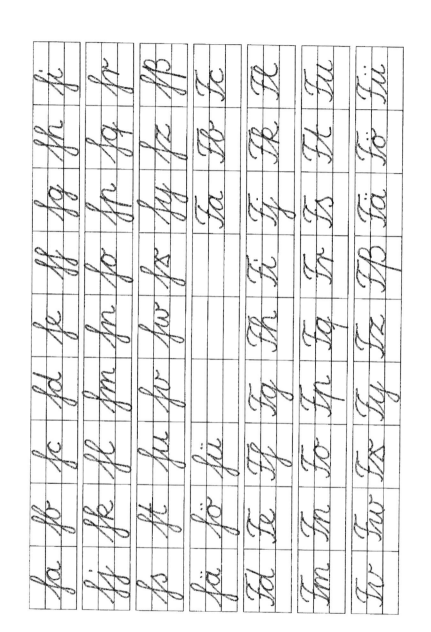

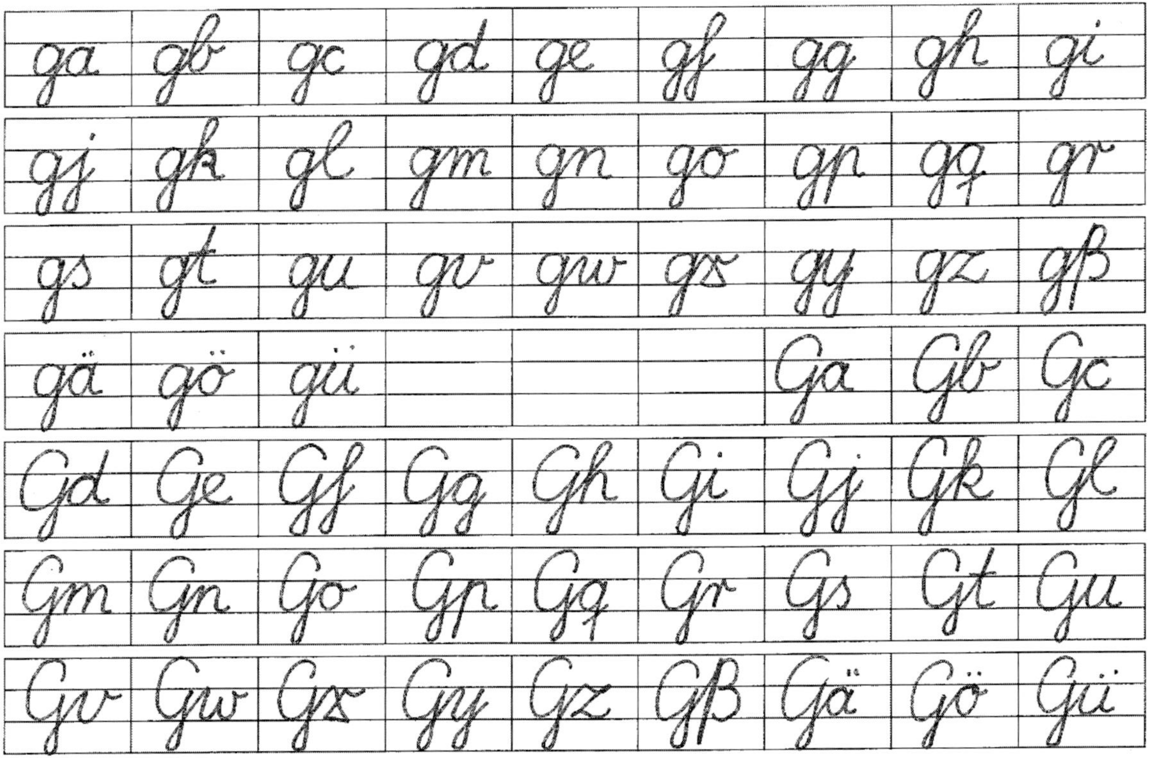
ga gb gc gd ge gf gg gh gi
gj gk gl gm gn go gp gq gr
gs gt gu gv gw gx gy gz gß
gä gö gü Ga Gb Gc
Gd Ge Gf Gg Gh Gi Gj Gk Gl
Gm Gn Go Gp Gq Gr Gs Gt Gu
Gv Gw Gx Gy Gz Gß Gä Gö Gü

ha	hb	hc	hd	he	hf	hg	hh	hi
hj	hk	hl	hm	hn	ho	hp	hq	hr
hs	ht	hu	hv	hw	hx	hy	hz	hß
hä	hö	hü				Ha	Hb	Hc
Hd	He	Hf	Hg	Hh	Hi	Hj	Hk	Hl
Hm	Hn	Ho	Hp	Hq	Hr	Hs	Ht	Hu
Hv	Hw	Hx	Hy	Hz	Hß	Hä	Hö	Hü

ia	ib	ic	id	ie	if	ig	ih	ii
ij	ik	il	im	in	io	ip	iq	ir
is	it	iu	iv	iw	ix	iy	iz	iß
iä	iö	iü				Ia	Ib	Ic
Id	Ie	If	Ig	Ih	Ii	Ij	Ik	Il
Im	In	Io	Ip	Iq	Ir	Is	It	Iu
Iv	Iw	Ix	Iy	Iz	Iß	Iä	Iö	Iü

ja	jb	jc	jd	je	jf	jg	jh	ji
jj	jk	jl	jm	jn	jo	jp	jq	jr
js	jt	ju	jv	jw	jx	jy	jz	jß
jä	jö	jü				Ja	Jb	Jc
Jd	Je	Jf	Jg	Jh	Ji	Jj	Jk	Jl
Jm	Jn	Jo	Jp	Jq	Jr	Js	Jt	Ju
Jv	Jw	Jx	Jy	Jz	Jß	Jä	Jö	Jü

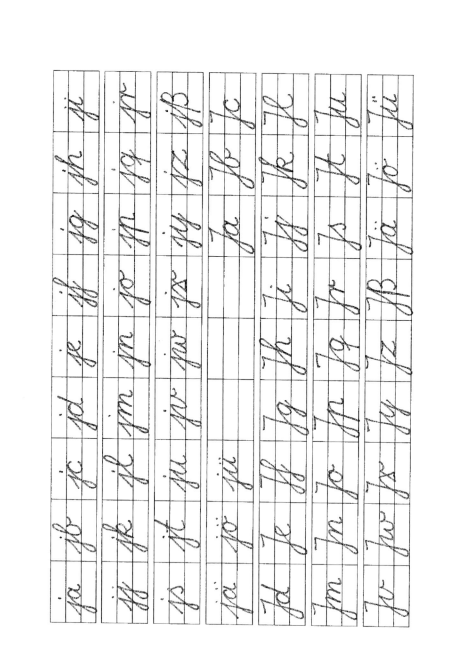

ka	kb	kc	kd	ke	kf	kg	kh	ki
kj	kk	kl	km	kn	ko	kp	kq	kr
ks	kt	ku	kv	kw	kx	ky	kz	kß
kä	kö	kü				Ka	Kb	Kc
Kd	Ke	Kf	Kg	Kh	Ki	Kj	Kk	Kl
Km	Kn	Ko	Kp	Kq	Kr	Ks	Kt	Ku
Kv	Kw	Kx	Ky	Kz	Kß	Kä	Kö	Kü

la	lb	lc	ld	le	lf	lg	lh	li
lj	lk	ll	lm	ln	lo	lp	lq	lr
ls	lt	lu	lv	lw	lx	ly	lz	lß
lä	lö	lü				La	Lb	Lc
Ld	Le	Lf	Lg	Lh	Li	Lj	Lk	Ll
Lm	Ln	Lo	Lp	Lq	Lr	Ls	Lt	Lu
Lv	Lw	Lx	Ly	Lz	Lß	Lä	Lö	Lü

ma	mb	mc	md	me	mf	mg	mh	mi
mj	mk	ml	mm	mn	mo	mp	mq	mr
ms	mt	mu	mn	mw	mx	my	mz	mß
mä	mö	mü				Ma	Mb	Mc
Md	Me	Mf	Mg	Mh	Mi	Mj	Mk	Ml
Mm	Mn	Mo	Mp	Mq	Mr	Ms	Mt	Mu
Mv	Mw	Mx	My	Mz	Mß	Mä	Mö	Mü

na	nb	nc	nd	ne	nf	ng	nh	ni
nj	nk	nl	nm	nn	no	np	nq	nr
ns	nt	nu	nv	nw	nx	ny	nz	nß
nä	nö	nü				Na	Nb	Nc
Nd	Ne	Nf	Ng	Nh	Ni	Nj	Nk	Nl
Nm	Nn	No	Np	Nq	Nr	Ns	Nt	Nu
Nv	Nw	Nx	Ny	Nz	Nß	Nä	Nö	Nü

oa	ob	oc	od	oe	of	og	oh	oi
oj	ok	ol	om	on	oo	op	oq	or
os	ot	ou	ov	ow	ox	oy	oz	oß
oä	oö	oü				Oa	Ob	Oc
Od	Oe	Of	Og	Oh	Oi	Oj	Ok	Ol
Om	On	Oo	Op	Oq	Or	Os	Ot	Ou
Ov	Ow	Ox	Oy	Oz	Oß	Oä	Oö	Oü

pa	pb	pc	pd	pe	pf	pg	ph	pi
pj	pk	pl	pm	pn	po	pp	pq	pr
ps	pt	pu	pv	pw	px	py	pz	pß
pä	pö	pü				Pa	Pb	Pc
Pd	Pe	Pf	Pg	Ph	Pi	Pj	Pk	Pl
Pm	Pn	Po	Pp	Pq	Pr	Ps	Pt	Pu
Pv	Pw	Px	Py	Pz	Pß	Pä	Pö	Pü

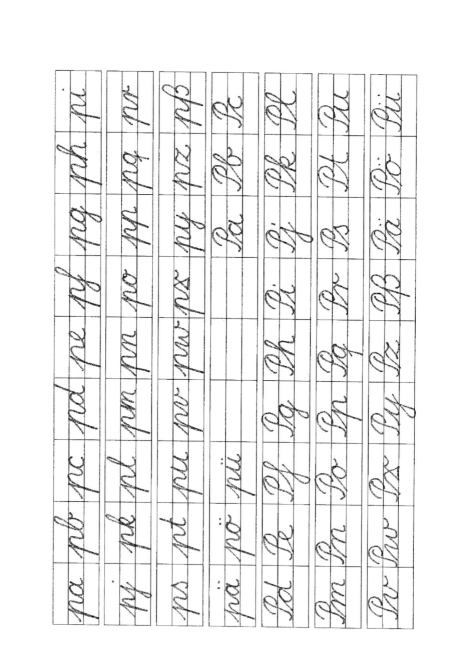

qua	qub	quc	qud	que	quf	qug	quh	qui
quj	quk	qul	qum	qun	quo	qup	quq	qur
qus	qut	quu	quv	quw	qux	quy	quz	quß
quä	quö	quü				Qua	Qub	Quc
Qud	Que	Quf	Qug	Quh	Qui	Quj	Quk	Qul
Qum	Qun	Quo	Qup	Quq	Qur	Qus	Qut	Quu
Quv	Quw	Qux	Quy	Quz	Quß	Quä	Quö	Quü

ra	rb	rc	rd	re	rf	rg	rh	ri
rj	rk	rl	rm	rn	ro	rp	rq	rr
rs	rt	ru	rv	rw	rx	ry	rz	rß
rä	rö	rü				Ra	Rb	Rc
Rd	Re	Rf	Rg	Rh	Ri	Rj	Rk	Rl
Rm	Rn	Ro	Rp	Rq	Rr	Rs	Rt	Ru
Rv	Rw	Rx	Ry	Rz	Rß	Rä	Rö	Rü

sa	sb	sc	sd	se	sf	sg	sh	si
sj	sk	sl	sm	sn	so	sp	sq	sr
ss	st	su	sv	sw	sx	sy	sz	sß
sä	sö	sü				Sa	Sb	Sc
Sd	Se	Sf	Sg	Sh	Si	Sj	Sk	Sl
Sm	Sn	So	Sp	Sq	Sr	Ss	St	Su
Sv	Sw	Sx	Sy	Sz	Sß	Sä	Sö	Sü

ta	tb	tc	td	te	tf	tg	th	ti
tj	tk	tl	tm	tn	to	tp	tq	tr
ts	tt	tu	tv	tw	tx	ty	tz	tß
tä	tö	tü				Ta	Tb	Tc
Td	Te	Tf	Tg	Th	Ti	Tj	Tk	Tl
Tm	Tn	To	Tp	Tq	Tr	Ts	Tt	Tu
Tv	Tw	Tx	Ty	Tz	Tß	Tä	Tö	Tü

ua	ub	uc	ud	ue	uf	ug	uh	ui
uj	uk	ul	um	un	uo	up	uq	ur
us	ut	uu	uv	uw	ux	uy	uz	uß
uä	uö	uü				Ua	Ub	Uc
Ud	Ue	Uf	Ug	Uh	Ui	Uj	Uk	Ul
Um	Un	Uo	Up	Uq	Ur	Us	Ut	Uu
Uv	Uw	Ux	Uy	Uz	Uß	Uä	Uö	Uü

va	vb	vc	vd	ve	vf	vg	vh	vi
vj	vk	vl	vm	vn	vo	vp	vq	vr
vs	vt	vu	vv	vw	vx	vy	vz	vß
vä	vö	vü				Va	Vb	Vc
Vd	Ve	Vf	Vg	Vh	Vi	Vj	Vk	Vl
Vm	Vn	Vo	Vp	Vq	Vr	Vs	Vt	Vu
Vv	Vw	Vx	Vy	Vz	Vß	Vä	Vö	Vü

wa	wb	wc	wd	we	wf	wg	wh	wi
wj	wk	wl	wm	wn	wo	wp	wq	wr
ws	wt	wu	wv	ww	wx	wy	wz	wß
wä	wö	wü				Wa	Wb	Wc
Wd	We	Wf	Wg	Wh	Wi	Wj	Wk	Wl
Wm	Wn	Wo	Wp	Wq	Wr	Ws	Wt	Wu
Wv	Ww	Wx	Wy	Wz	Wß	Wä	Wö	Wü

xa	xb	xc	xd	xe	xf	xg	xh	xi
xj	xk	xl	xm	xn	xo	xp	xq	xr
xs	xt	xu	xv	xw	xx	xy	xz	xß
xä	xö	xü				Xa	Xb	Xc
Xd	Xe	Xf	Xg	Xh	Xi	Xj	Xk	Xl
Xm	Xn	Xo	Xp	Xq	Xr	Xs	Xt	Xu
Xv	Xw	Xx	Xy	Xz	Xß	Xä	Xö	Xü

ya	yb	yc	yd	ye	yf	yg	yh	yi
yj	yk	yl	ym	yn	yo	yp	yq	yr
ys	yt	yu	yv	yw	yx	yy	yz	yß
yä	yö	yü				Ya	Yb	Yc
Yd	Ye	Yf	Yg	Yh	Yi	Yj	Yk	Yl
Ym	Yn	Yo	Yp	Yq	Yr	Ys	Yt	Yu
Yv	Yw	Yx	Yy	Yz	Yß	Yä	Yö	Yü

za	zb	zc	zd	ze	zf	zg	zh	zi
zj	zk	zl	zm	zn	zo	zp	zq	zr
zs	zt	zu	zv	zw	zx	zy	zz	zß
zä	zö	zü				Za	Zb	Zc
Zd	Ze	Zf	Zg	Zh	Zi	Zj	Zk	Zl
Zm	Zn	Zo	Zp	Zq	Zr	Zs	Zt	Zu
Zv	Zw	Zx	Zy	Zz	Zß	Zä	Zö	Zü

äa	äb	äc	äd	äe	äf	äg	äh	äi
äj	äk	äl	äm	än	äo	äp	äq	är
äs	ät	äu	äv	äw	äx	äy	äz	äß
ää	äö	äü				Äa	Äb	Äc
Äd	Äe	Äf	Äg	Äh	Äi	Äj	Äk	Äl
Äm	Än	Äo	Äp	Äq	Är	Äs	Ät	Äu
Äv	Äw	Äx	Äy	Äz	Äß	Ää	Äö	Äü

öa	öb	öc	öd	öe	öf	ög	öh	öi
öj	ök	öl	öm	ön	öo	öp	öq	ör
ös	öt	öu	öv	öw	öx	öy	öz	öß
öä	öö	öü				Öa	Öb	Öc
Öd	Öe	Öf	Ög	Öh	Öi	Öj	Ök	Öl
Öm	Ön	Öo	Öp	Öq	Ör	Ös	Öt	Öu
Öv	Öw	Öx	Öy	Öz	Öß	Öä	Öö	Öü

üa	üb	üc	üd	üe	üf	üg	üh	üi
üj	ük	ül	üm	ün	üo	üp	üq	ür
üs	üt	üu	üv	üw	üx	üy	üz	üß
üä	üö	üü				Üa	Üb	Üc
Üd	Üe	Üf	Üg	Üh	Üi	Üj	Ük	Ül
Üm	Ün	Üo	Üp	Üq	Ür	Üs	Üt	Üu
Üv	Üw	Üx	Üy	Üz	Üß	Üä	Üö	Üü

ßa	ßb	ßc	ßd	ße	ßf	ßg	ßh	ßi
ßj	ßk	ßl	ßm	ßn	ßo	ßp	ßq	ßr
ßs	ßt	ßu	ßv	ßw	ßx	ßy	ßz	ßß
ßä	ßö	ßü						

Regel Nr. 3:
Die Buchstaben-Elemente erkennen.

Bisher wurden die Buchstaben immer im Ganzen abgebildet, nie wurden ihre Bausteine gezeigt. Doch Buchstaben entstehen **nicht im Stück**, sondern aus wenigen, **immer wiederkehrenden Formelementen, z. B.: c + ı = a**

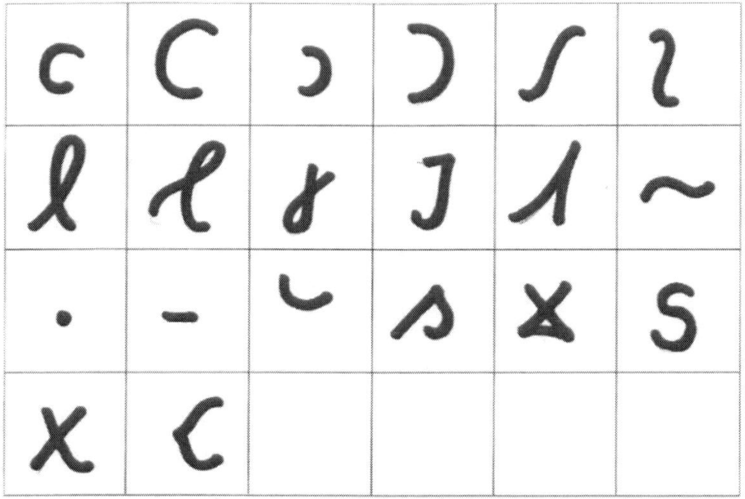

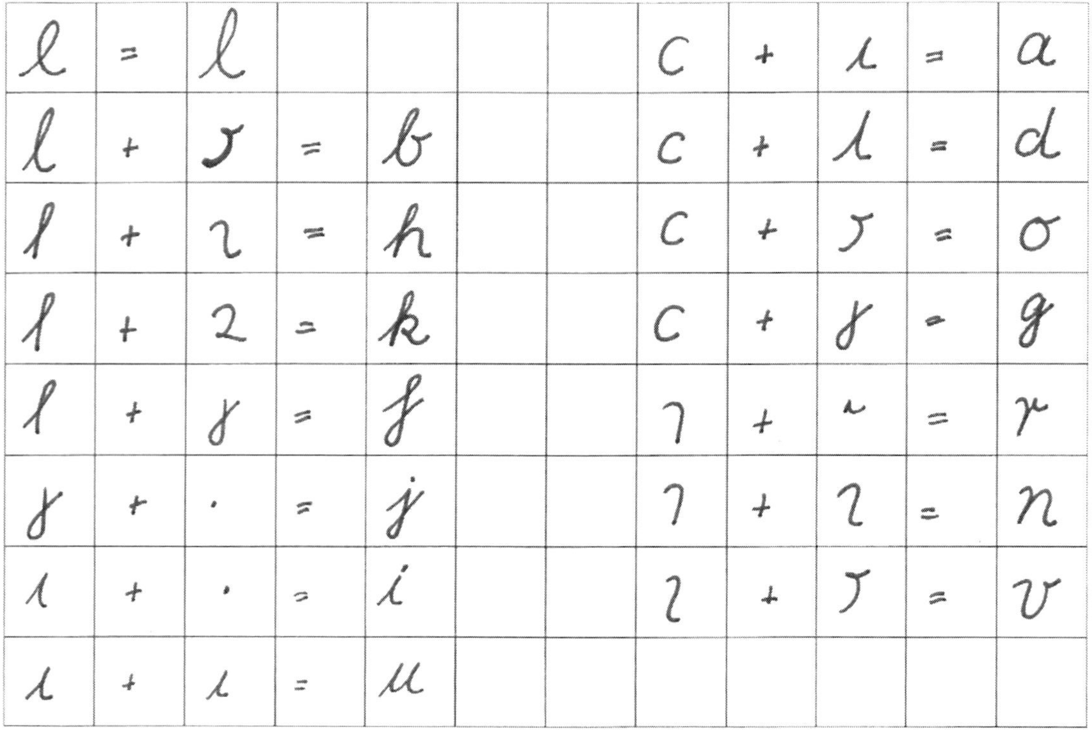

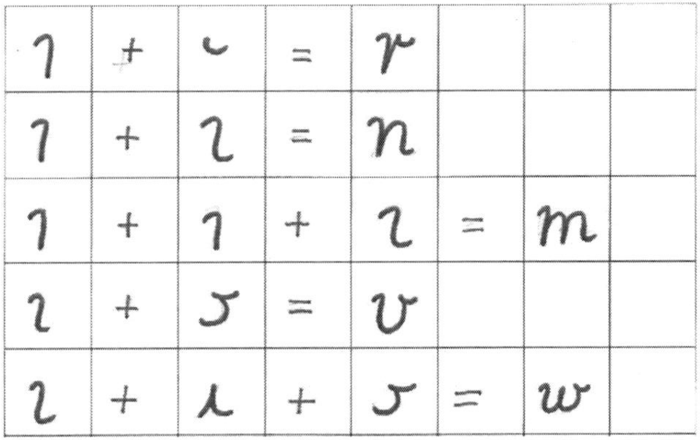

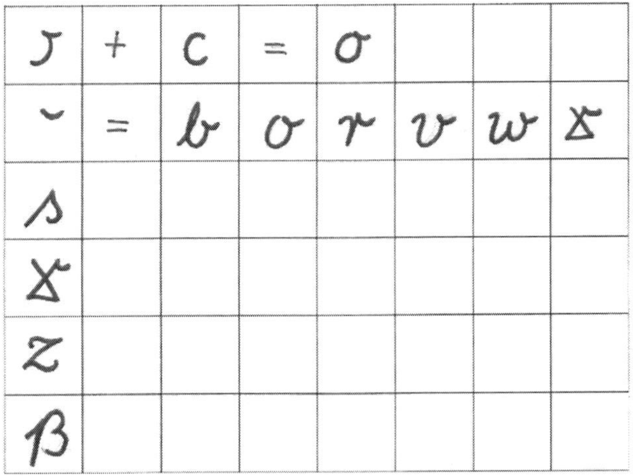

Aus diesen Bausteinen kann man alle
Kleinbuchstaben zusammensetzen – p, qu,
y und t fehlen – setze sie selbst zusammen und schreibe sie in die Kästchen

Die Namen der Segmente erleichtern das Erklären des Aufbaus – zwei Beispiele: das *b* besteht aus dem *l* *(große Schleife)* plus halbem *o* *(halbes Ei mit kleiner Welle)* – das *ü* besteht aus zwei aneinandergereihten *i* (zwei Mal *spitzer Pfeil*).

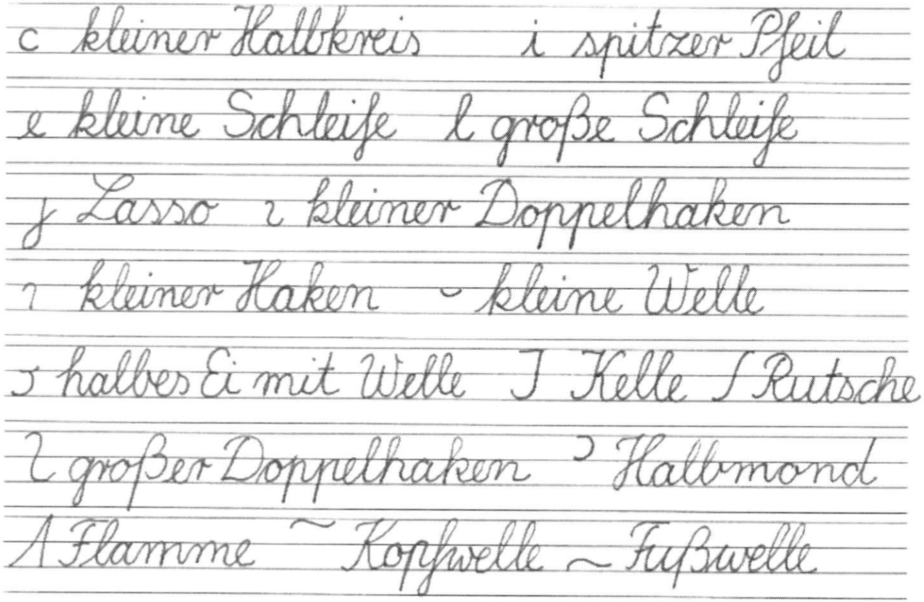

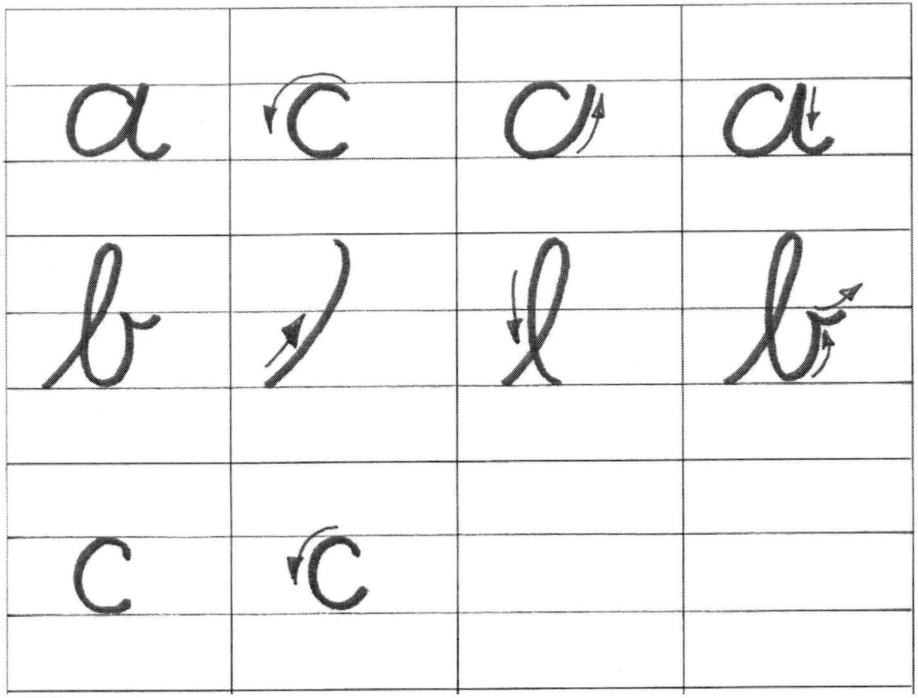

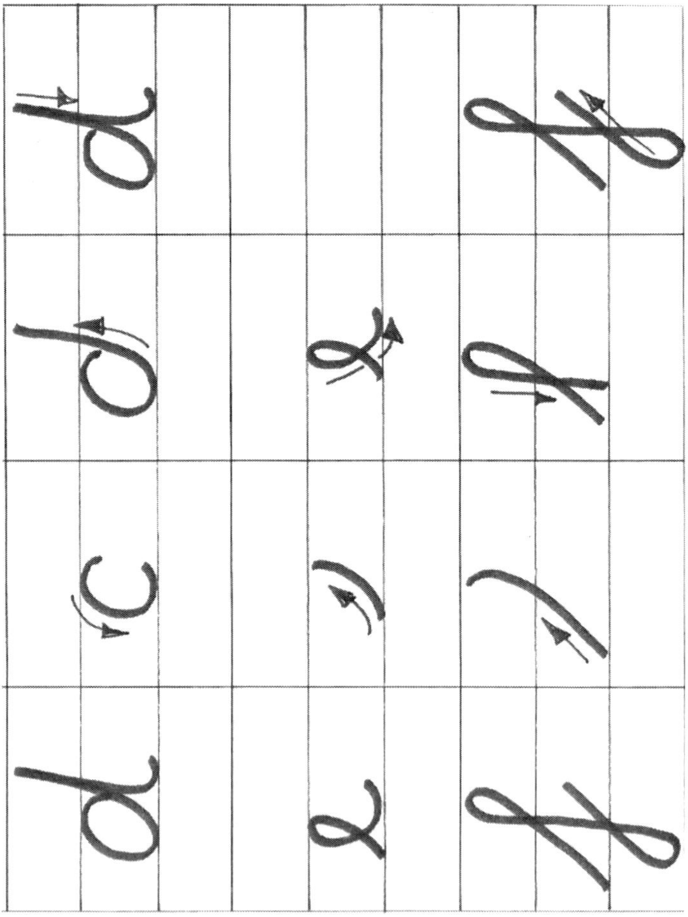

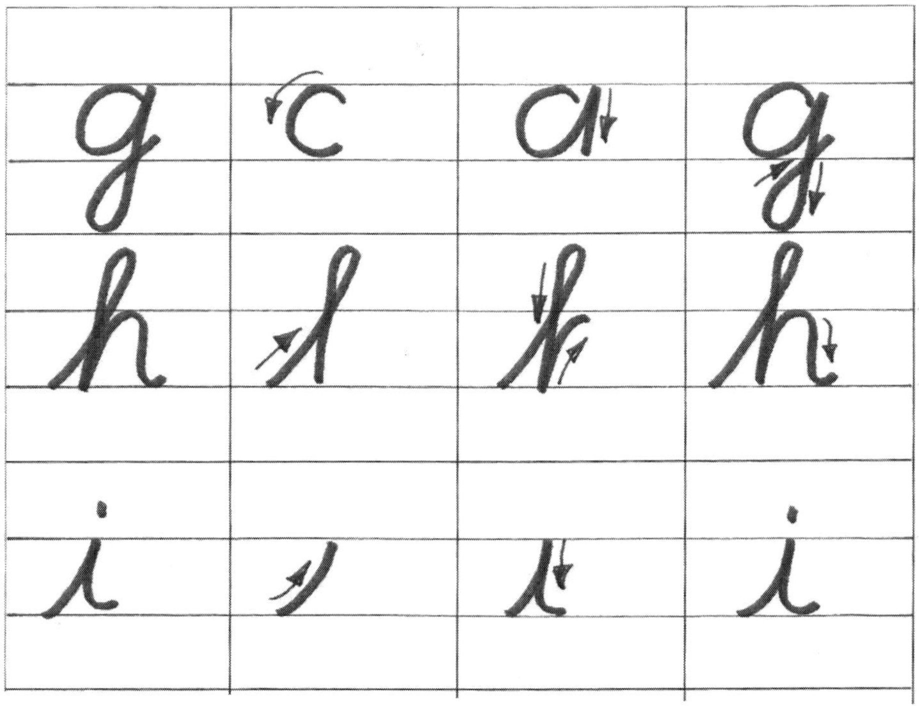

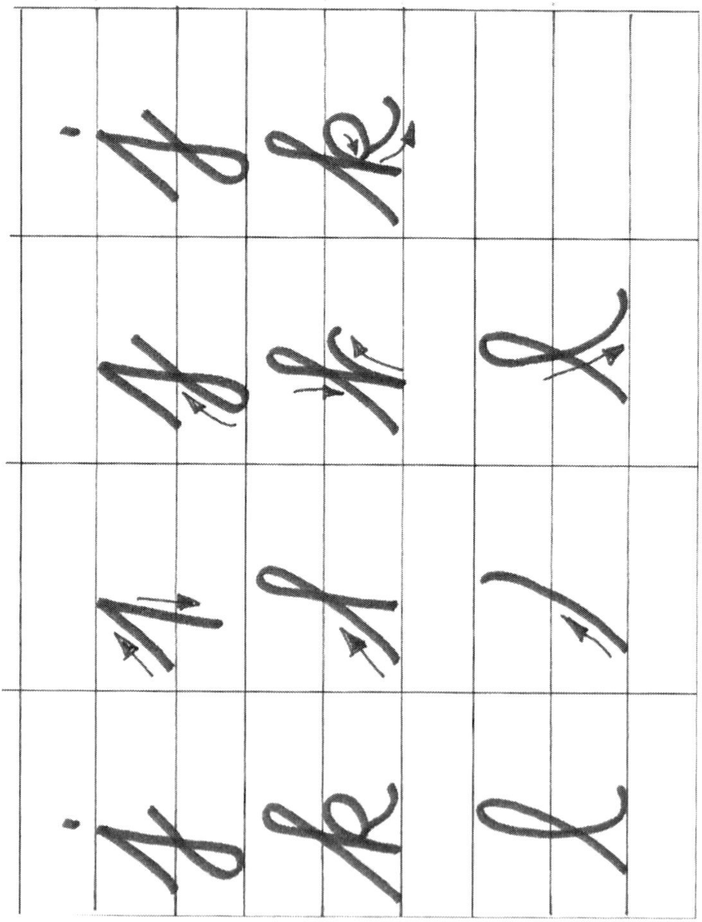

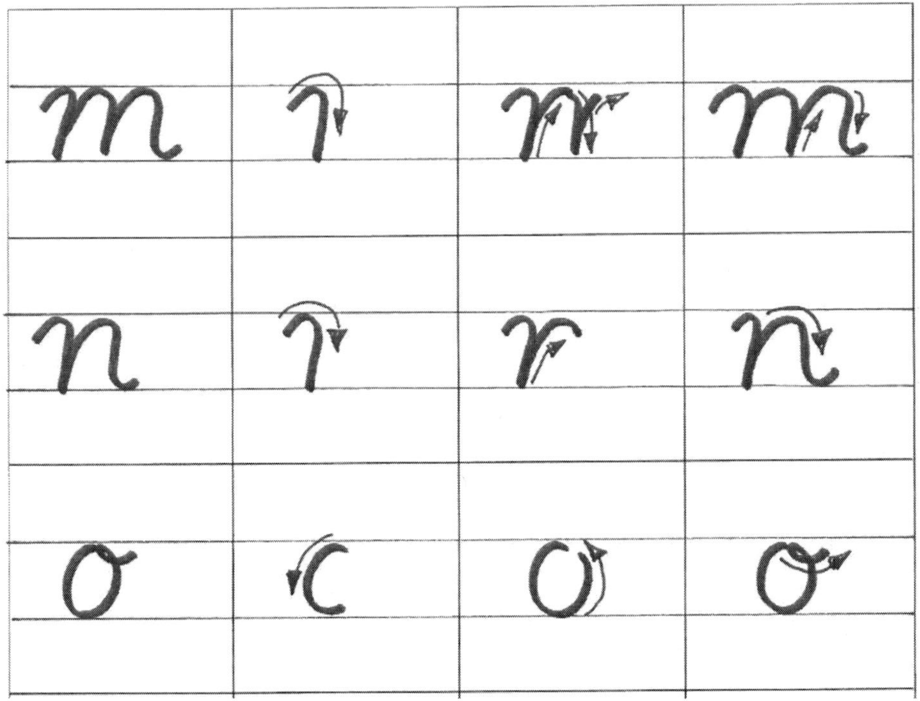

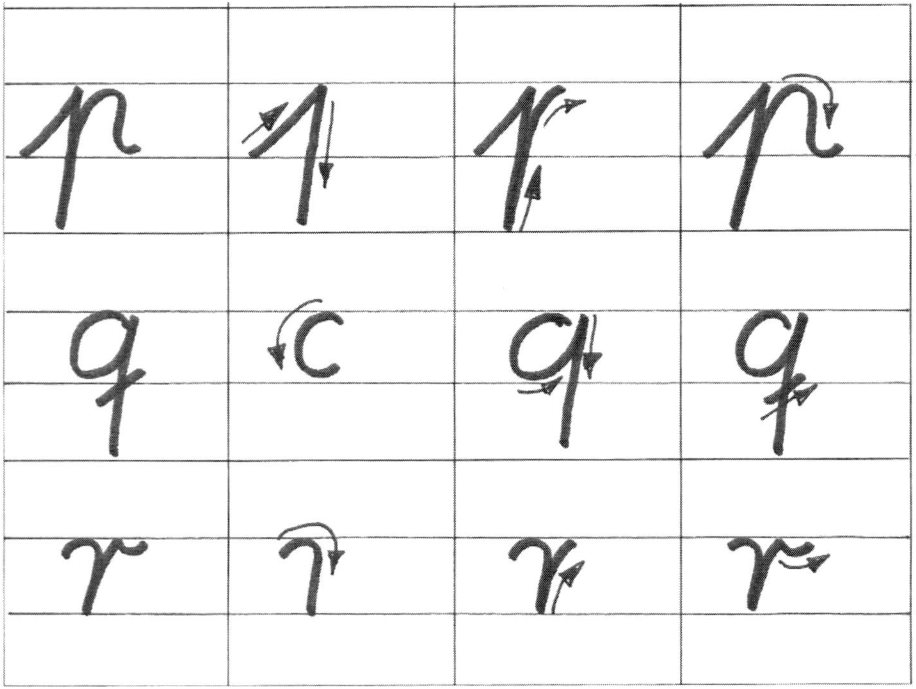

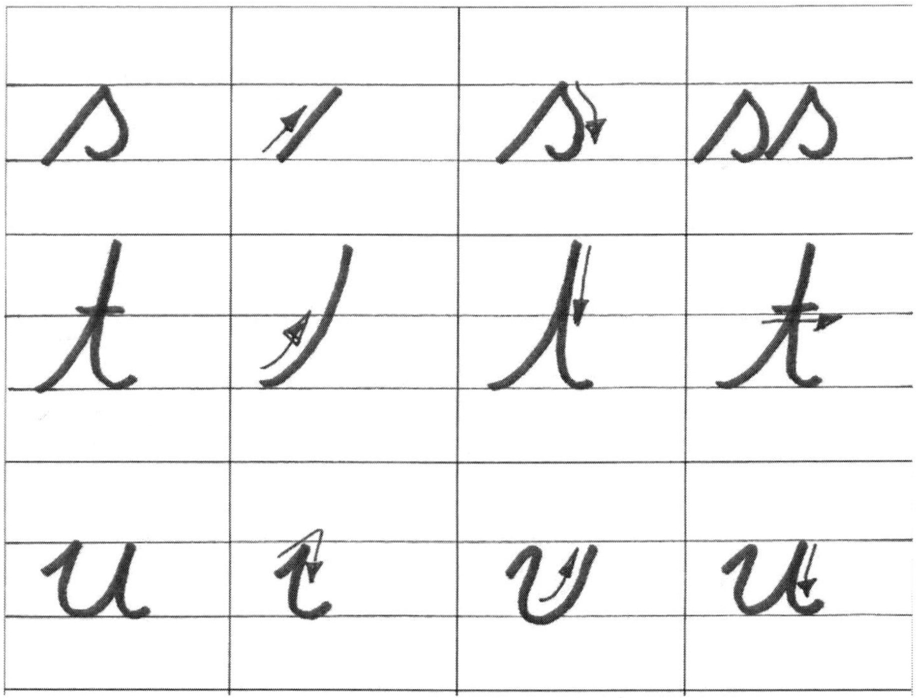

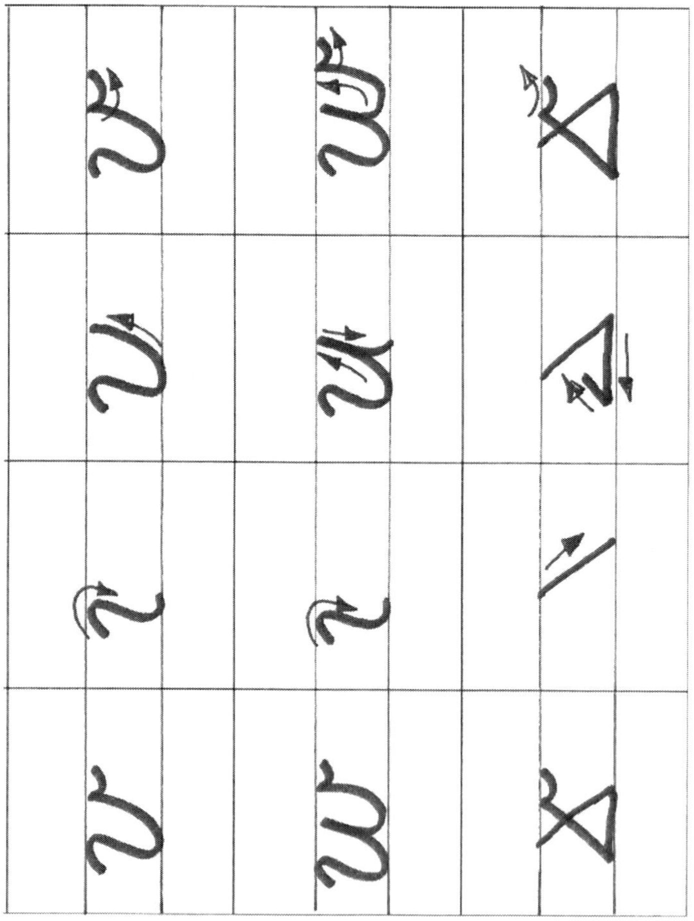

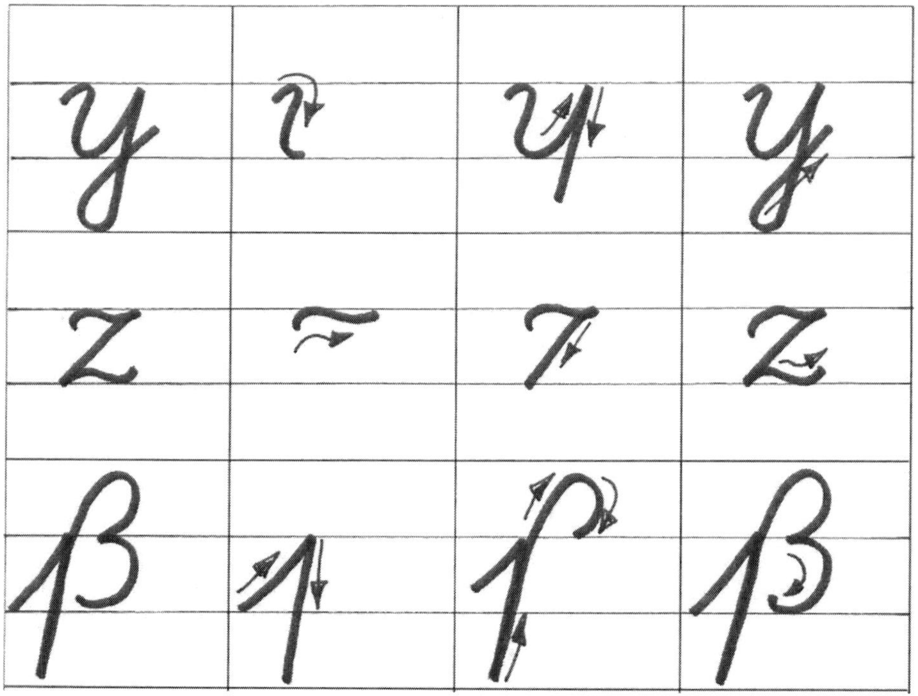

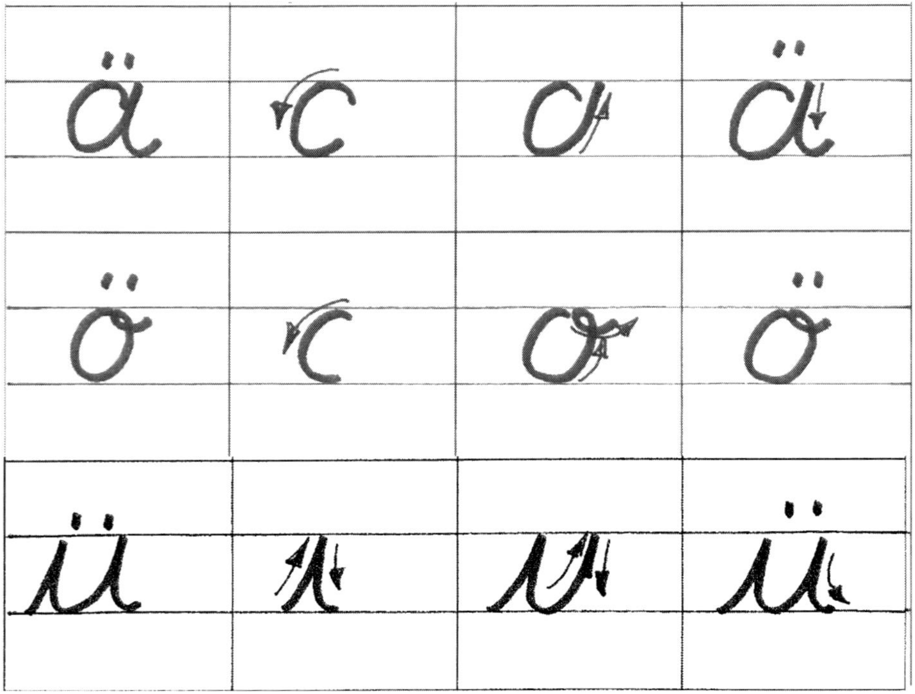

Regel Nr. 4:
Aufteilen der Kleinbuchstaben in sechs Gruppen

Jede Gruppe hat eine typische Schreibeigenschaft

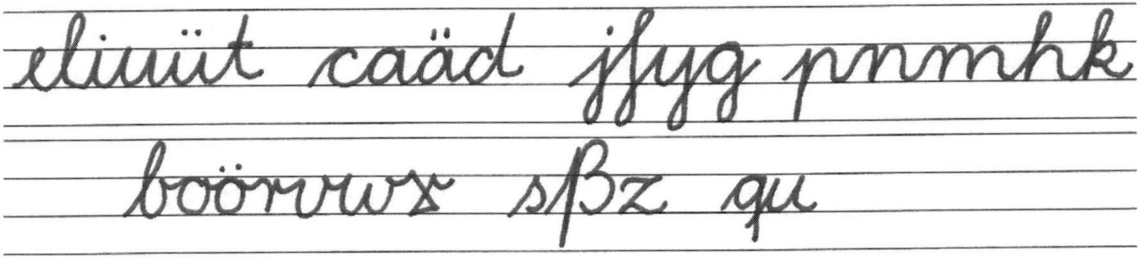

eliuüt, caäd, jfgy, pnmhk, boörvwx und *sßz qu*

Regel Nr. 5:
Anfangen zu schreiben

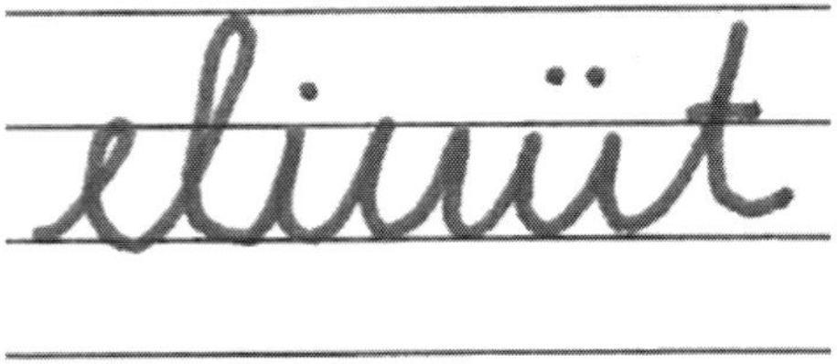

Die Buchstaben der **ersten Gruppe**

e l i u ü t

geben dir das **richtige Schreibgefühl** - das **Gefühl für die *Fließbewegung* mit dem Stift auf der Linie.** Diese Linie heißt **Grundlinie** und sie ist immer gerade. Auf so einer Linie laufen alle Buchstaben von **links nach rechts** entlang. Wie ein Fluss, auf dem die Buchstaben wie Boote schwimmen um zu Wörtern zusammenzufinden. Sie gleiten immer nur von links nach rechts. Tun sie das nicht, stoßen sie zusammen und man kann sie nicht lesen. Die Wortboote.

Die Reihenfolge *e-l-i-u-ü-t* ist so angeordnet, weil das e (als erster Übungsbuchstabe) am einfachsten ist und weil es in der deutschen Sprache am häufigsten vorkommt. Das e ist also so etwas wie die Basis oder der Ausgangsbuchstabe der lateinischen Schulschreibschrift.

Neben dem Bausatz ist das Wichtigste beim Schreiben
das *Stück zwischen den Buchstaben,* das von links nach rechts führt.
Dieses kleine Verbindungselement ist
das **Geheimnis der fließenden Handschrift-Technik.**

Das „Zwischenstück" macht das Schreiben schnell. Es ist der Steg, der aus mehreren Teilen ein Ganzes und aus einzelnen Buchstaben ein Wort macht. Wegen dieser Übergänge gibt es diese Schrift überhaupt. Obwohl man die Bindeglieder beim Schreiben gar nicht bemerkt.
Das ist der Trick dabei.

Jetzt wird e-l-i-u-ü-t in **Quadrate** geschrieben, danach geht es gleich auf die **Linien**

Das e (*kleine Schleife*) beginnt auf der Grundlinie und wird nach rechts in

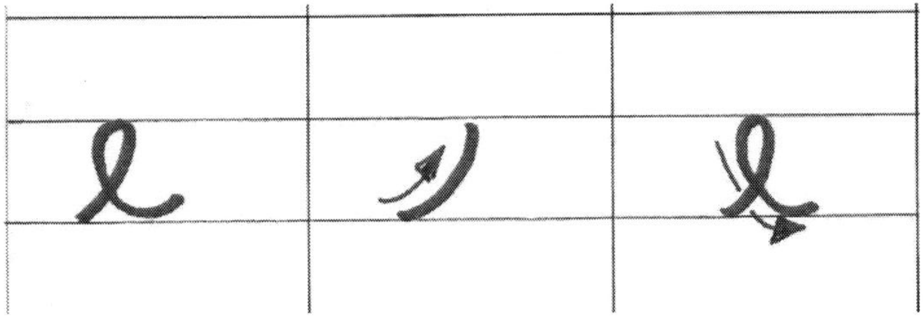

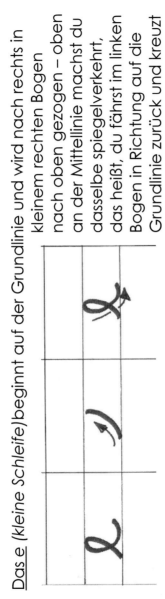

kleinem rechten Bogen nach oben gezogen – oben an der Mittellinie machst du dasselbe spiegelverkehrt, das heißt, du fährst im linken Bogen in Richtung auf die Grundlinie zurück und kreuzt den ersten Bogen kurz vorher, sodass du plötzlich auf der rechten Seite des Buchstabens bist. Hier kann der nächste Buchstabe anschließen.

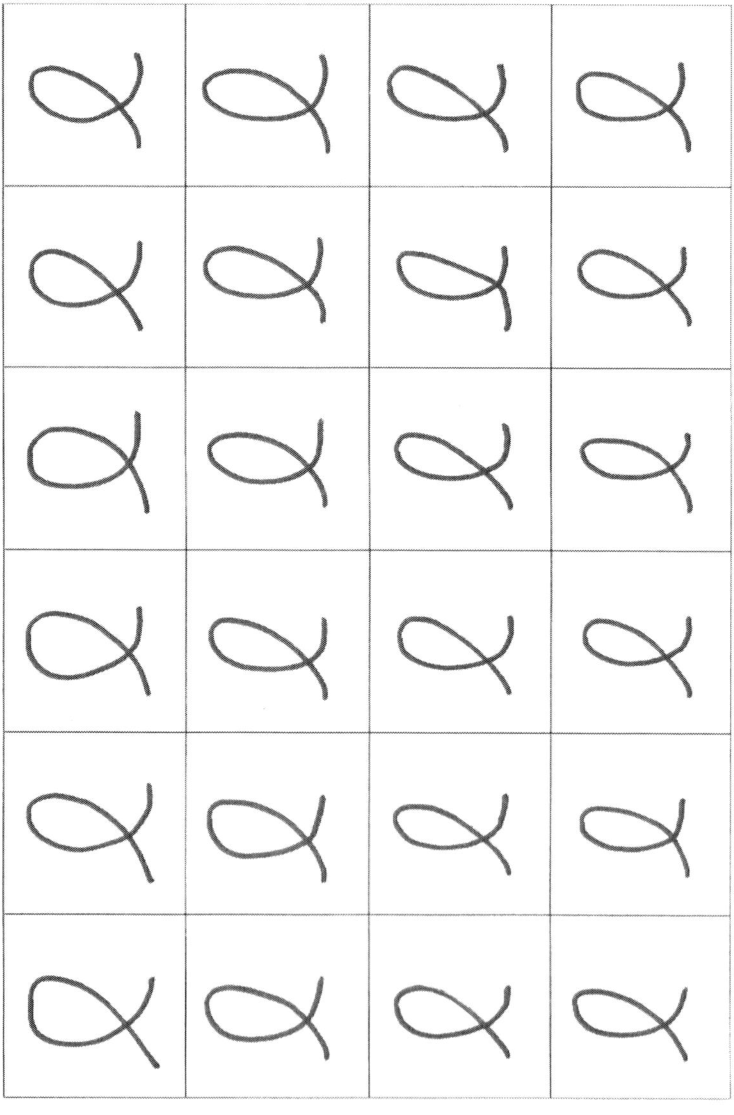

Das *l* *(große Schleife)* ist wie das *e*, nur hochgezogen. Das heißt, es hat eine „Oberlänge“. So nennt man bei den Kleinbuchstaben die Schleifen oder Striche, die so lang sind, wie Großbuchstaben.

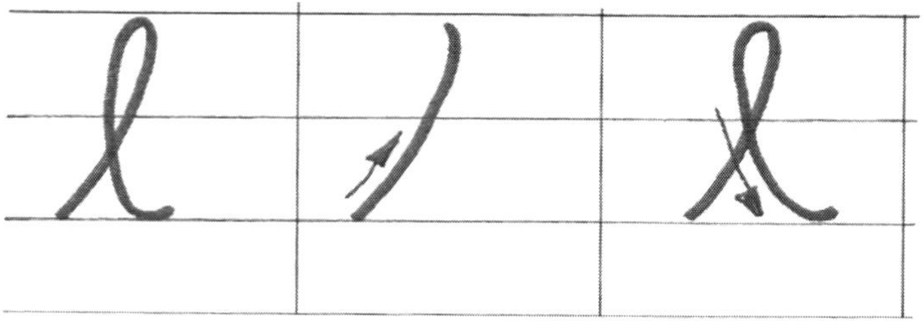

l	l	l	l	l	l	le	le	le	el	el	el
l	l	l	l	l	l	le	l	l	ll	ll	ll
el	el	le	le	ll	ll	le	el	le	le	el	ll
le	le	ll	el	ll	l	l	l	le	le	le	le
el	el	le	le	le	le	el	el	el	el	el	el
el	le	ee	ee	le	el	le	ee	el	ee	le	le
el	le	le	le	el	le	le	le	el	el	el	el
el	le	le	el	ee	el	el	el	el	el	le	ll

<u>Das *i*</u> *(spitzer Pfeil)* ist wie ein zu schmal geratenes *e* – mit einem kleinen Punkt (keinem Kringel) genau über der Spitze, im Oberlängenbereich.

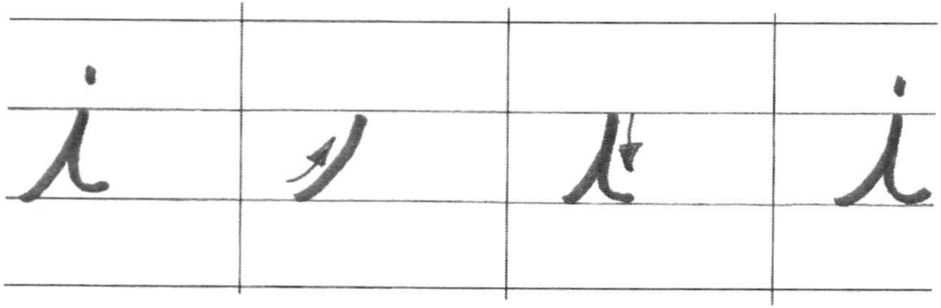

i	i	i	i	i	i
i	i	i	i	i	i
i	i	i	i	i	i
i	i	i	i	i	i

i	i	i	i	i	i	i	i	i	i	i	i
i	i	i	i	i	i	i	i	i	i	i	i
i	i	i	i	i	i	i	i	i	i	i	i
i	i	i	i	i	i	i	i	i	i	i	i
i	i	i	i	i	i	i	i	i	i	i	i
i	i	i	i	i	i	i	i	i	i	i	i
i	i	i	i	i	i	i	i	i	i	i	i
i	i	i	i	i	i	i	i	i	i	i	i

ei	ei	ei	ei	ei	ei
ei	ei	ei	ei	ei	ei
ei	ei	ei	ei	ei	ei
ei	ei	ei	ei	ei	ei

ei	ei	ei	ei	ei	ei	ei	ei	ei	ei	ei	ei
ei	ei	ei	ei	ei	ei	ei	ie	ie	ie	ei	ie
ie	ie	ei	ei	ie	ie	ie	ie	ie	ei	ei	ie
ie	ie	ie	ie	ei	ei	ei	ie	ei	ie	ei	ei
ie	ie	ie	ie	ei	ei	ei	ei	ie	ie	ei	ie
ei	ei	ie	ie	ie	ie	ei	ei	ei	ei	ie	ie
ie	ie	ei	ei	ei	ie	ie	ie	ie	ie	ie	ei
ei	ei	ei	ei	ie	ie	ie	ie	ei	ei	ei	ie

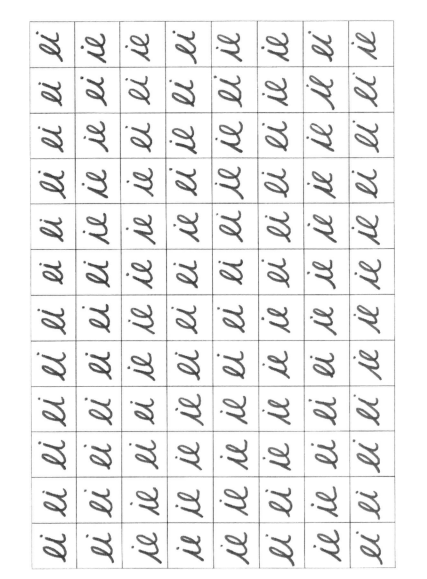

Das *u* ist wie zweimal i – *(zwei spitze Pfeile)* nur ohne Punkte.

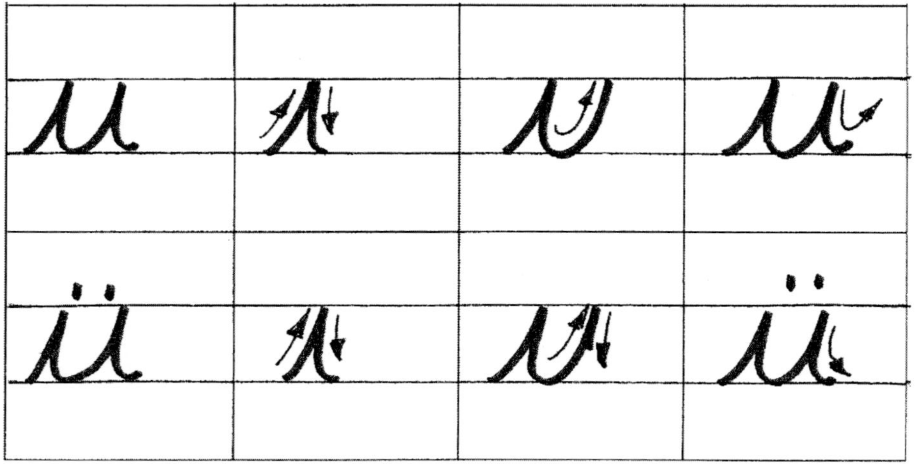

Das *ü* ist wieder wie zweimal i *(zwei spitze Pfeile* mit Punkten oder Strichen) oben drauf.

eıı	ei	eii	ie	ııe	iie
ei	eıı	ııe	iie	ie	ei
eei	iei	ııei	eııi	ııie	ııei
iie	iei	ııe	eııii	ııeii	eeıı

i	i	i	ii	u	ii	i	i	u	ii	u	ii
i	iu	iii	u	ii	ii	u	u	i	i	t	t
u	ii	i	i	u	ii	i	i	u	u	ii	u
ti	u	ui	iu	i	i	i	i	i	i	u	ii
it	u	ii	i	i	ie	ei	ue	te	te	ei	ue
u	i	i	i	i	ii	i	i	u	ii	i	i
i	i	i	i	i	u	ei	u	uu	ue	eu	it
i	i	i	ii	ii	u	ii	u	i	i	i	i

Das *t* ist das kleine i *(spitzer Pfeil)* - ohne Punkt mit Oberlänge und mit

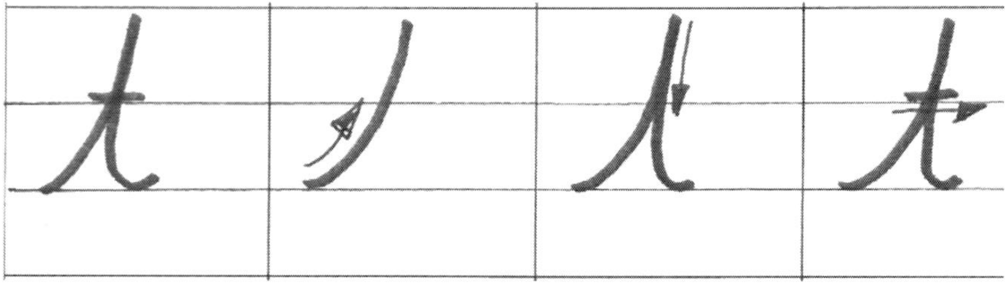

einem kurzen Querstrich auf oder über der Mittellinie.

it	it	it	it	it	it
it	it	ti	ti	ti	tt
tt	it	it	tt	ti	tu
tii	iti	itu	it	it	it

ee el le li lu lüi ti eli elu ei eile

ei ele ut ute üte eli elu elü te

ee ei eu ue ie üe eite tüte elle

leute lei leu leu leu te leu te te

tüi te tüi te tut tut tut tüt tütü

eu le eu eul eule ei eil eile lie

lil li lie lieb lei lie lei lie lue

Die Buchstaben der **zweiten Gruppe** 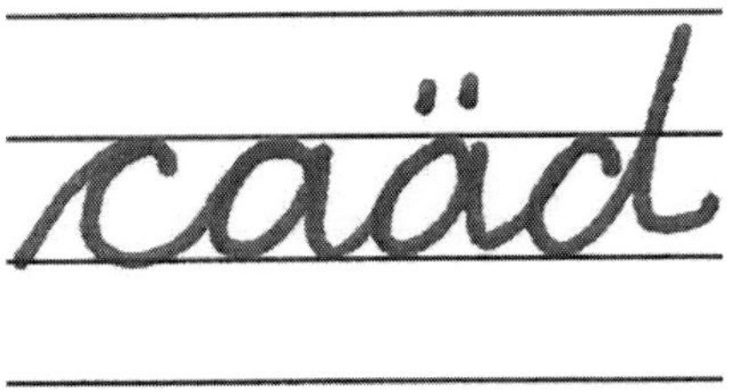 caäd

Beginne mit einem deutlichen Strich von unten nach oben, hin zur Mittellinie. Diesen Strich nennt man ***Anstrich,*** weil er *an* den Buchstaben her**an**führt. Du brauchst ihn nur, wenn der Buchstabe **nicht** als erster Buchstabe steht. Erste, also Anfangsbuchstaben brauchen keinen Anstrich, da kannst du ihn weglassen und oben an der Mittellinie beginne. Der Anstrich ist ungefähr ein halbes *i (halber spitzer Pfeil).*

c-a-ä-d zeigen vier Buchstaben mit **U-turn** (sprich: *ju-törn* – das kennst du vom Autofahren) – du fährst mit dem Stift *auf demselben Weg* ***zurück*** - bei a und ä schließt du das c mit einer i-Bewegung kleiner spitzer Pfeil) oben ab und fährst wieder runter zur Grundlinie. Das d hat eine i-Verlängerung bis zur Oberlängenlinie. Du fährst auf dem langen i-Strich wieder zurück und runter bis zur Grundlinie.

Jetzt wird nach dem eliuüt-Prinzip in
Quadrate geschrieben
und danach geht es auf die Linien

Das c ist ein *kleiner Halbkreis* – bekommt es einen Anstrich, wird der oben nach rechts ein Stück gebogen, und – Achtung: U-turn! – du fährst mit dem Stift *auf dem Bogen denselben Weg* ***zurück*** und machst dann den Halbkreis „rund“. Das muss man etwas üben, bis es „nahtlos“ klappt.

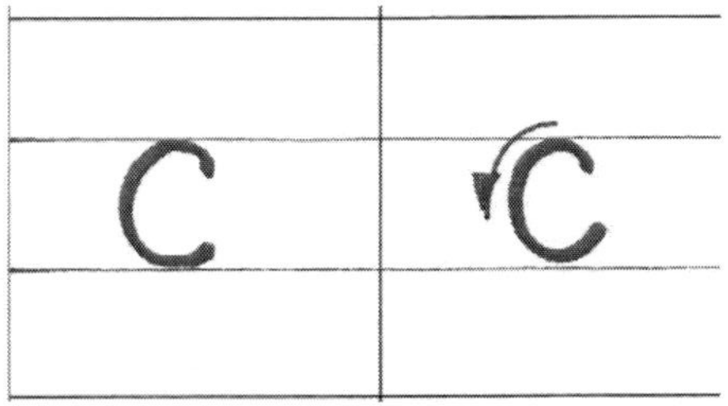

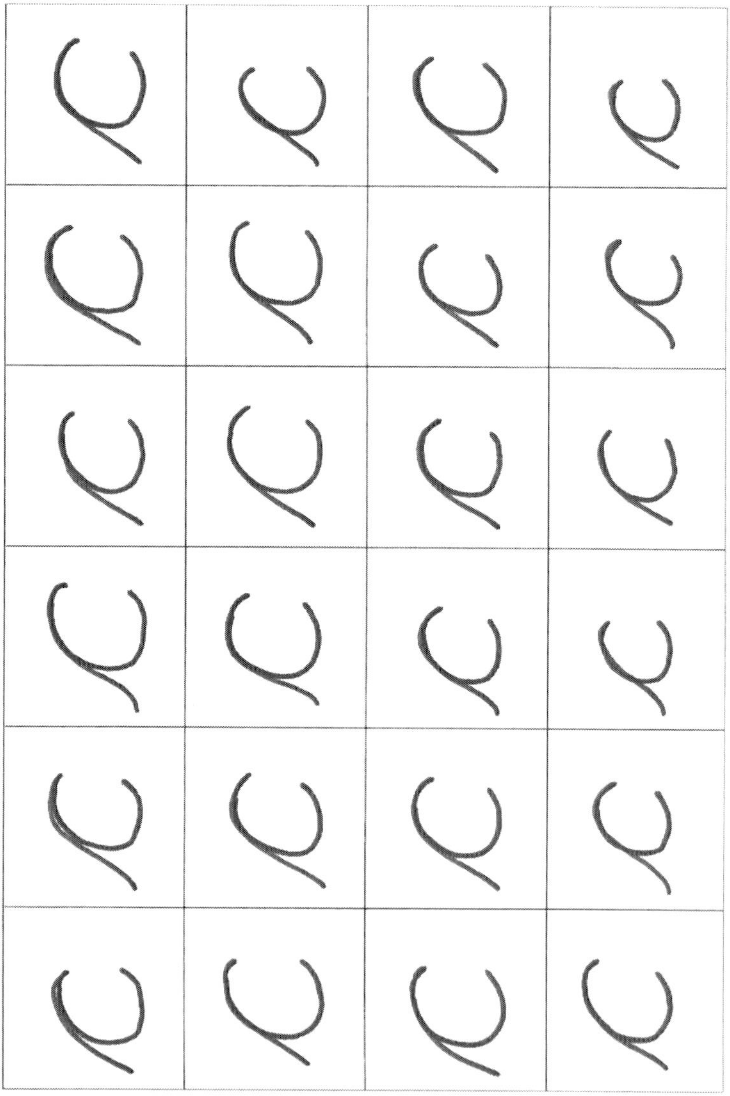

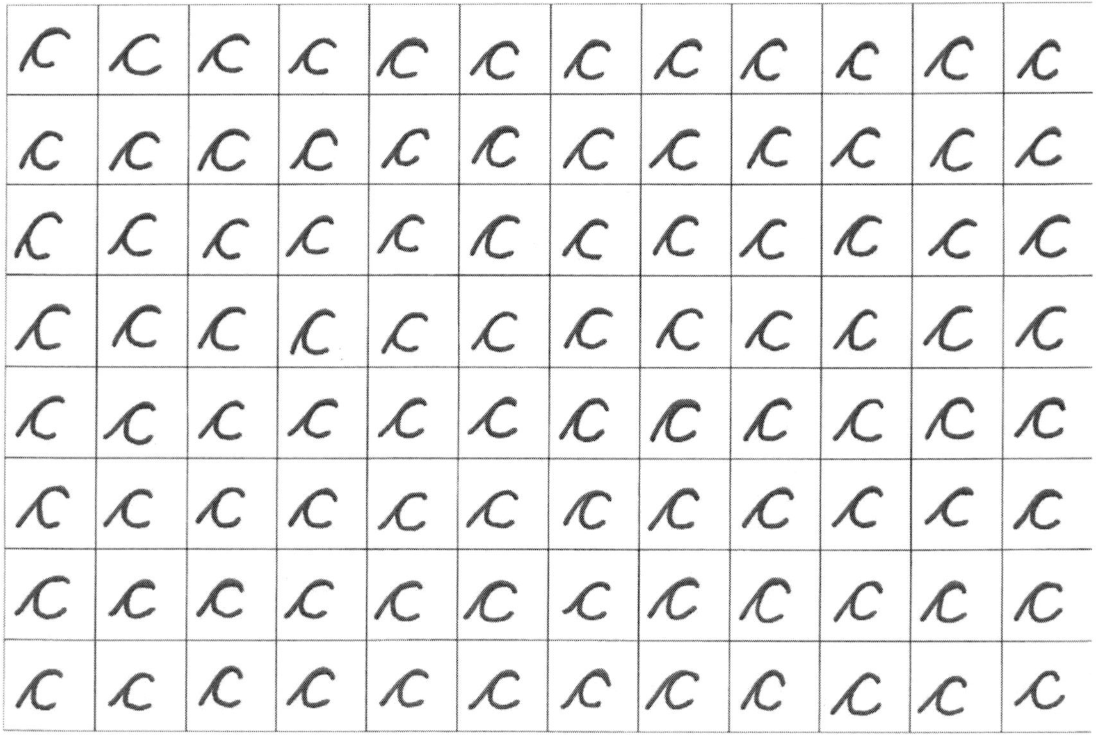

c	c	c	c	c	ic
ci	c	c	cc	ca	c
c	c	c	c	c	c
c	c	c	ci	ci	ce

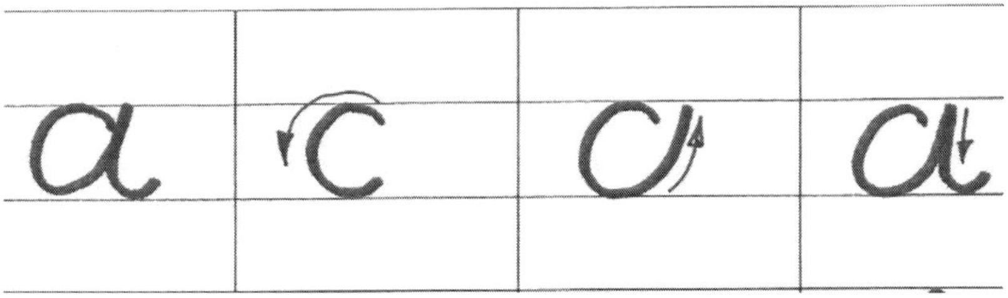

Das *a:* ist ein *c* (*kleiner Halbkreis*) mit einem *i* (*spitzer Pfeil* ohne Punkt), das das *a* oben und an der Seite schließt.

Das *ä:* ist das *a* (*kleiner Halbkreis und spitzer Pfeil*) mit zwei Punkten oder strichen direkt über dem oberen Bogen im Oberlängenbereich.

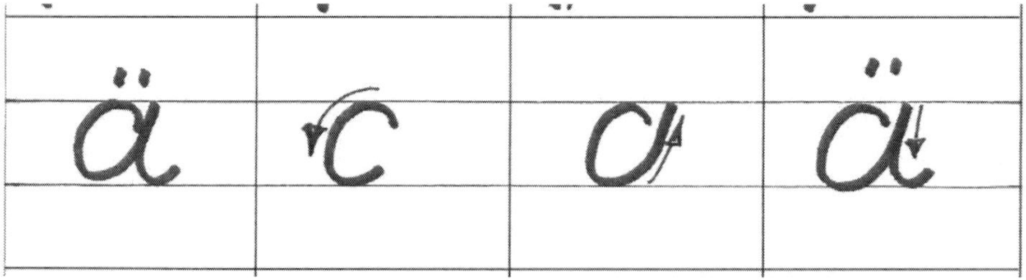

ce	ci	a	ci	a	a	a	a	ci	ci	a	ca
ca	ce	ci	ci	ci	a	a	ci	ci	a	ci	a
ci	a	ci	a	ci	a	a	ci	ci	a	ci	a
ce	ce	ai	ai	ca	ca	ci	ci	ca	ca	ci	ai
ci	ic	ic	ic	ia	ia	ce	ca	ca	ce	ce	cee
aie	aii	äu	ai	ci	cei	ce	ca	ci	ci	ca	cc
ec	ea	ea	ea	ai	ai	ae	ci	ci	a	ai	ai
eic	cie	ae	ai	ei	ei	ce	ci	ai	aa	ce	ci

cct ct cde ect ede acte deci cite

cite cti dcai uiici uiiec eucie

cdt cut cuel cute acte cete etä

calle cail lac luc liic liici lu

lulu liilu aic aile eile alle lc

älle elle tac tal tail teil leid

leit lait laid lei leile tail tau

<u>Das d:</u> wie das c mit langem i (ohne Punkt) oder t (ohne Strich)

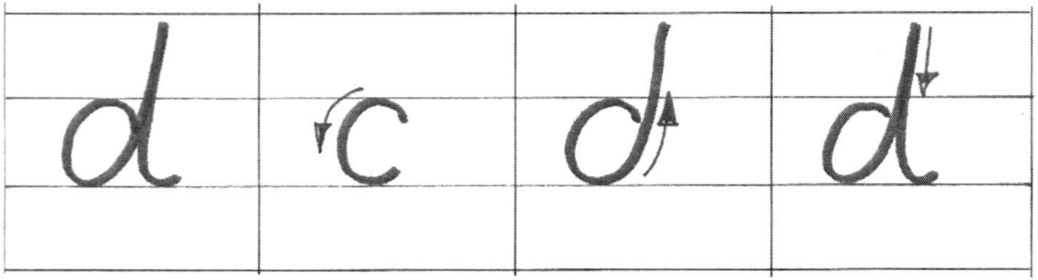

c cc cc ca ci ca ci ic ia ica

cia icd ict cit cad cäi ciad

cidt ccel celt citti celt cäle tie

edic ecci elte celd alt alte aa

aal aad ead eat eeai cci eela

cad aalei alei leila eele cece ci

cadä cäe caeä ccia eldac adac

Die Buchstaben der **dritten Gruppe**

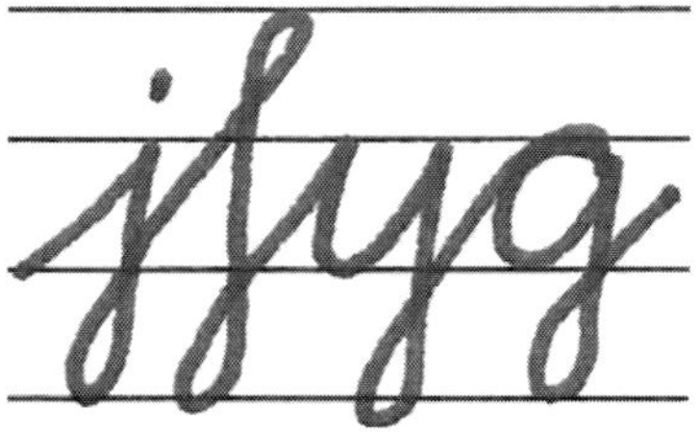

jfyg

zeigen dir die Buchstaben, die nach unten *verlängert* sind – sie haben eine **Unterlängen-Schleife** *(Lasso unten)*.
Die Buchstaben *j, f, g, y* **kannst du schon schreiben** – jedenfalls zu Hälfte:

Jetzt wird nach demselben Prinzip wie zuvor, in Quadrate geschrieben und danach geht es auf die Linien

Das *j* ist das *i (spitzer Pfeil)* mit *Lasso unten*.

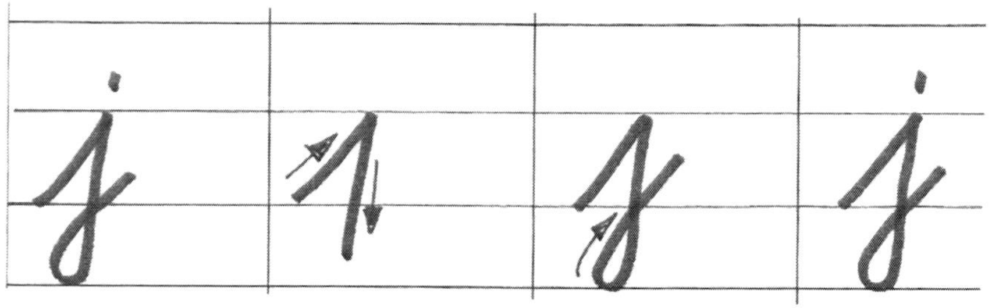

Das *f* ist des *l (große Schleife)* mit *Lasso unten*.

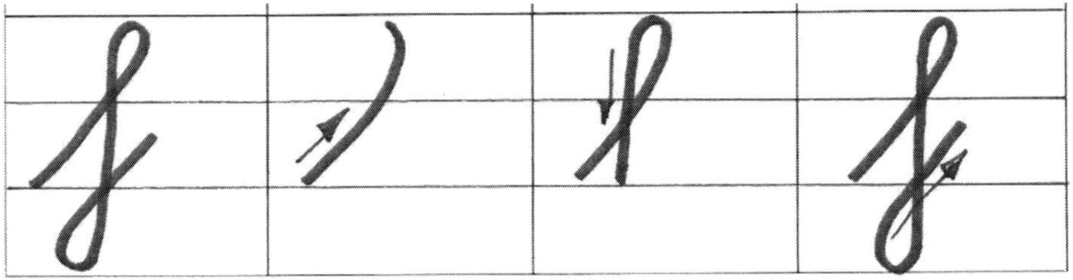

Das *g* ist das *a* (*kleiner Halbkreis* mit *spitzem Pfeil* ohne Punkt) mit *Lasso unten*.

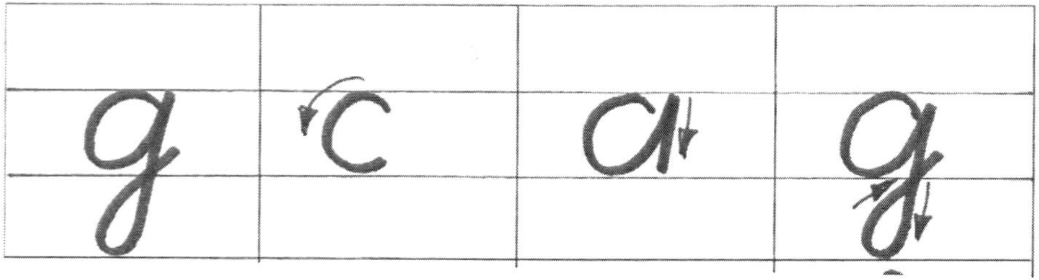

Das *y* ist das *u* mit *Lasso unten* – der Anstrich kann ein Bogen sein

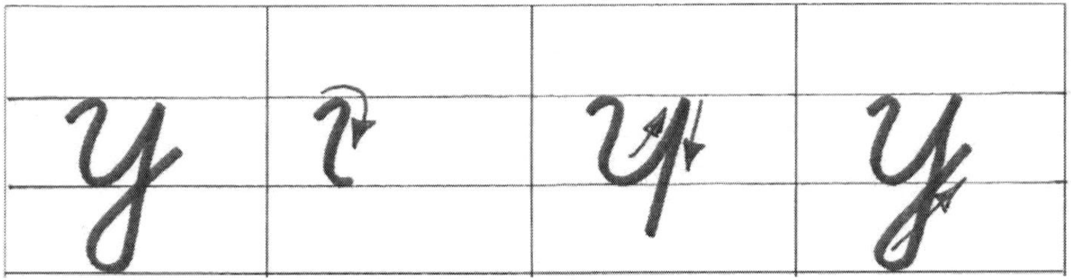

Die vierte Gruppe boörvwx

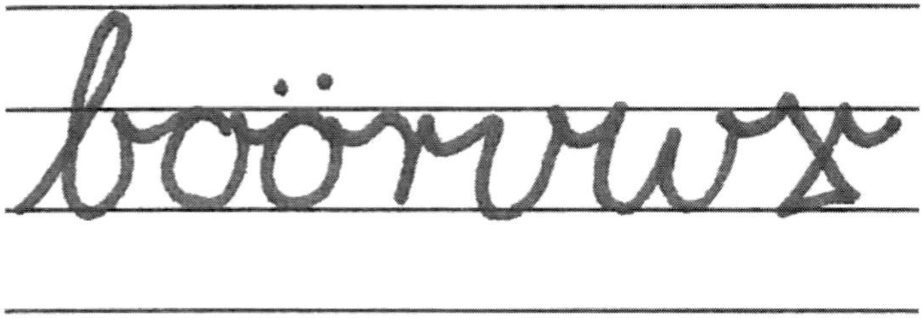

zeigt die Buchstaben mit „**Oberleitung**“. Ich nenne das so, weil sie alle auf der Höhe der *a*-Oberkannte enden – also nicht auf der Grundlinie, sondern „oben“.

Jetzt wird nach demselben Prinzip wie zuvor, in Quadrate geschrieben und danach geht es auf die Linien

Das *b* ist das *l (große Schleife)* mit dem halben rechten *o (rechtem Bogen* *und Welle*

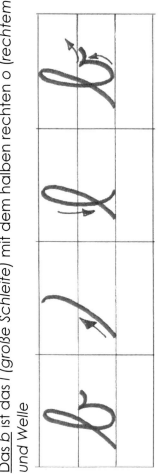

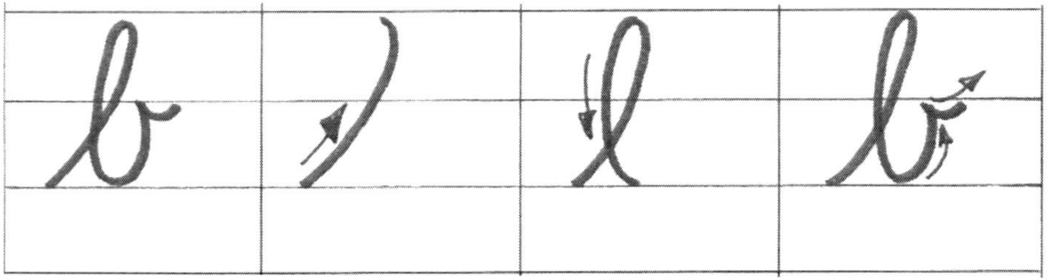

Das o ist das c *(kleiner Halbkreis)* mit *rechtem Bogen und Welle* an der Oberleitung (so kann in den folgenden Buchstaben überleitet werden).

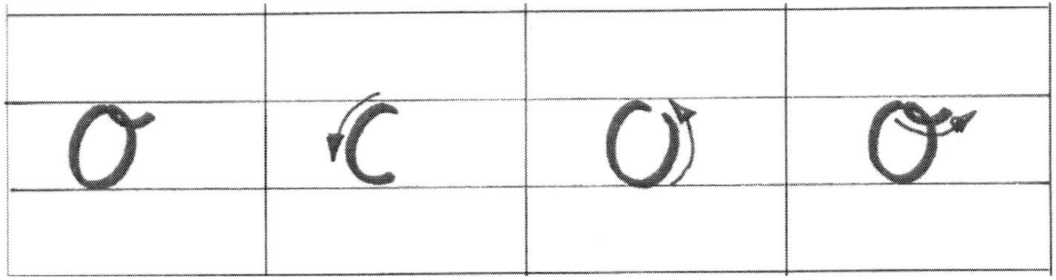

Das ö ist das o mit zwei Punkten oder Strichen direkt über dem oberen Bogen im Oberlängenbereich

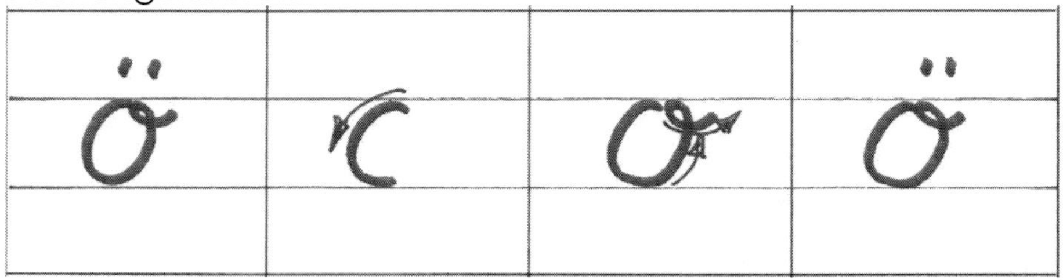

Das *r* ist ein *kleiner Haken* mit *U-Turn* auf dem Strich nach oben und mit *kleiner Welle*

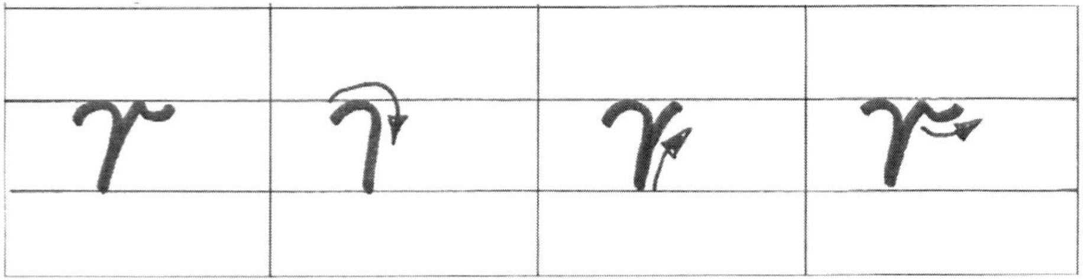

Das v ist ein *kleiner Doppelhaken* und *rechtem Bogen und Welle*

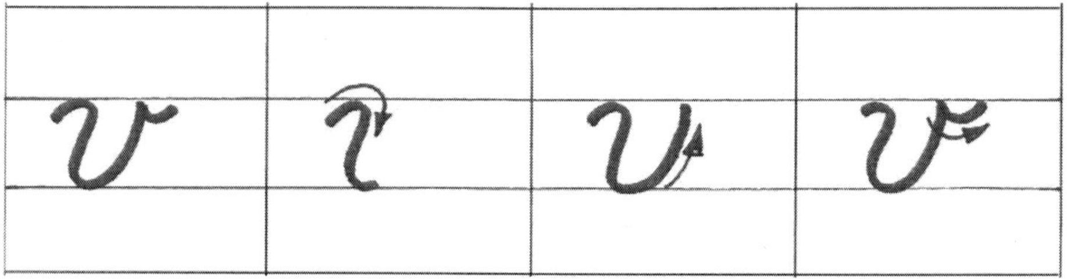

Das w ist das *u (zwei spitze Pfeile)* nur ohne Punkte mit halbem *o (rechtem Bogen und Welle)*

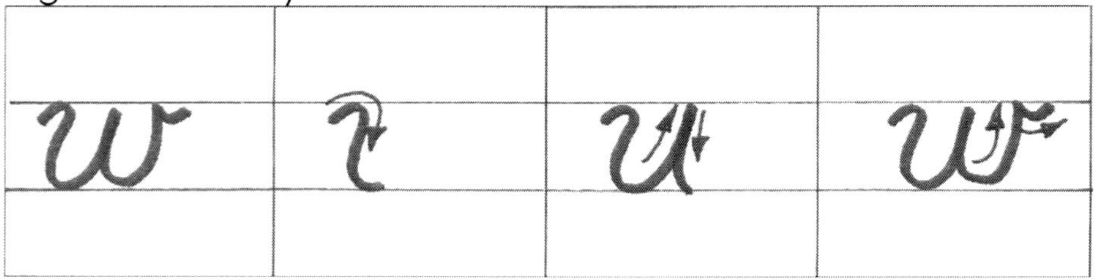

Das x besteht aus zwei schrägen (diagonal) in der Mitte überkreuzten Strichen, die auf der Linie verbunden sind und mit *kleiner Welle*.

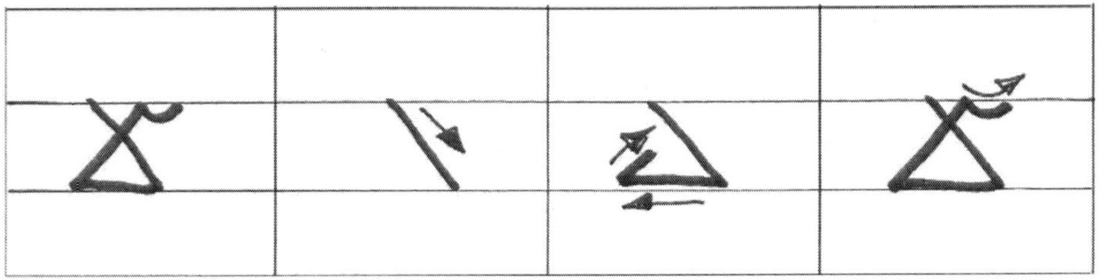

Jetzt wird nach demselben Prinzip wie
zuvor, in Quadrate geschrieben
und danach geht es auf die Linien

loo blov voll vor orv veile feile

viele ovte offe ovt owe ofe vollc

vale vale wale vas was was wv

wo wv wu wvv uwe uwe vau

fau faul lauf lauv vrei vrai

frei freu brei brei brei blöde blo

blow billi billig bilig lwe boe

böre bole böle bowle wo woo wi

wie wi wil will viel vil fil fiel

wolle folle volle wo vo vor vox xi

love liebe lieber bux box bax

boxe roce raxe axt lax lux xul

rux oxe ofyx yx offux ruxfel

raffel olyx olijx itx aix ayx

Die fünfte Gruppe 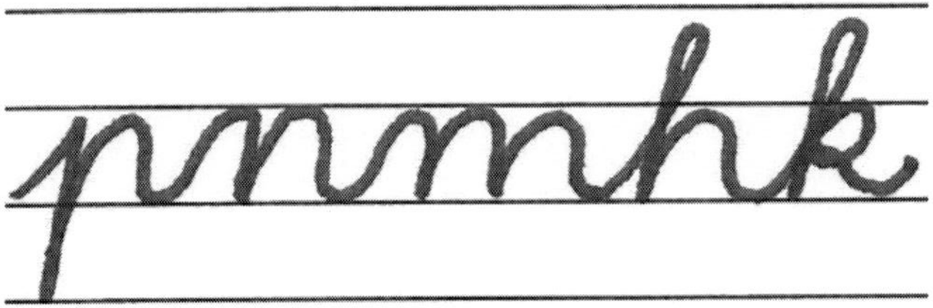 *pnmhk*

hat den **Bogen** raus - soll heißen, diese Buchstaben beschreiben nach oben gewölbte „Torbögen“.

Jetzt wird nach demselben Prinzip wie zuvor, in Quadrate geschrieben und danach geht es auf die Linien

Das *p* ist eine *1* (eins) oder ein „Anstrich mit Unterlänge" *(spitzer Pfeil)* an den rechts ein *kleiner Doppelhaken* anschließt

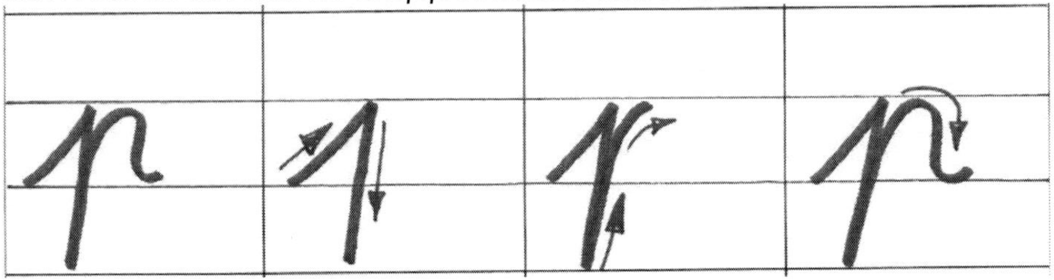

Das *n* ist das *r* (*kleiner Haken* mit *U-Turn* auf dem Strich nach oben) und *kleinem Doppelhaken*

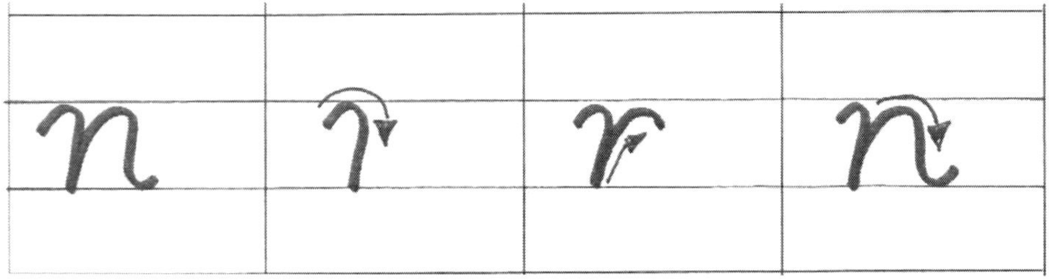

Das *m* ist wie das *r* (nur zweimal *kleiner Haken* mit *U-Turn* auf dem Strich nach oben) und *kleinem Doppelhaken*

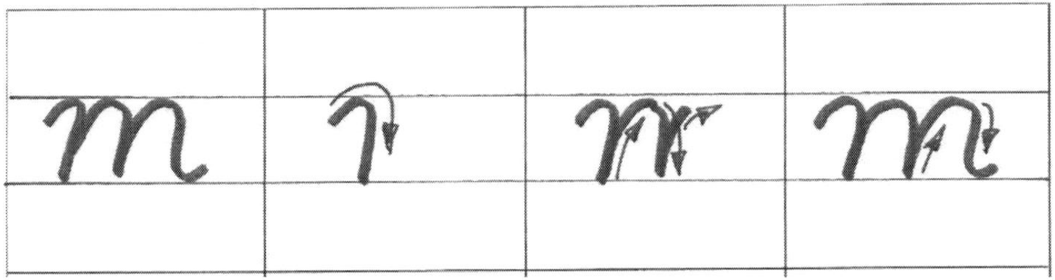

Das *h* ist das *l* *(große Schleife)* mit halbem n *(kleinem Doppelhaken)*

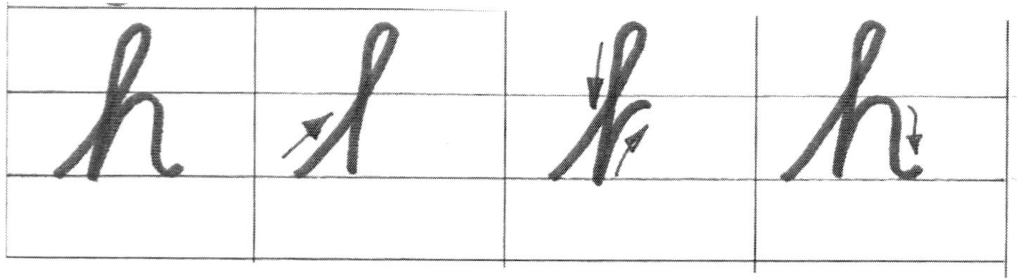

Das *k* ist das *l (große Schleife)* mit einer kleinen 2 auf der rechten Seite

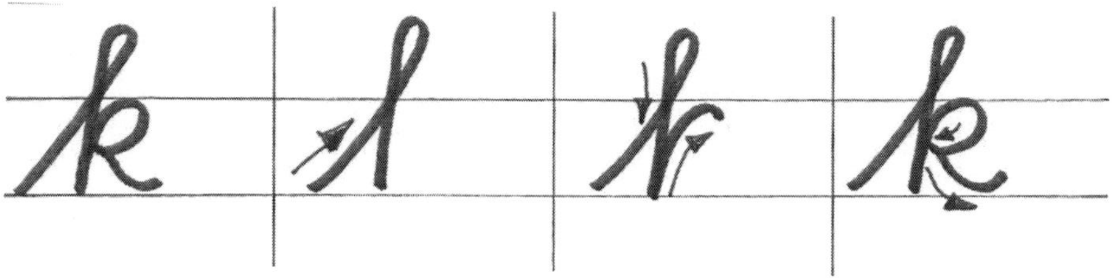

i p ip ipp pi pie py pj pil lh

pih pu pu np pun pn pelle

peile pfeile prei pnu po pow pe

ruf rupf nun nun nun null

lk kl ke ku ka kil killer keil

lïïk luk leik like meik maik

merk kleid clyde clijd keiner

pick picken ab ap aber apfel

hipp hurra pur up apbauen

abbauen bauen abhauen abgeb

abgeben labern bern lern gern

gar gerne gären lachen lachte

brachte ich dich nach rechts so

war es nicht links! suß süß

Die sechste Gruppe sßz 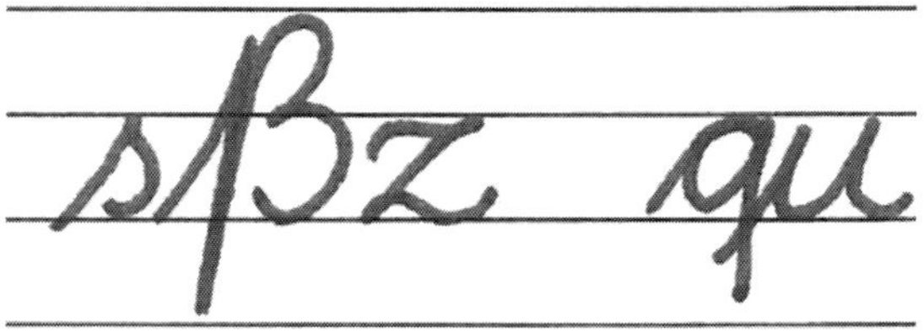 qu

zeigt die **Buchstaben ohne analoge Bausteine** und das einzige **festgelegte Buchstabenpaar.**

Jetzt wird nach demselben Prinzip wie
zuvor, in Quadrate geschrieben
und danach geht es auf die Linien

Das *s* hat einen schräg nach rechts oben verlaufenden Anstrich, an den ein kleiner „linker Haken“ nach unten anschließt. Das *s* hat keinen Anschluss an den nächsten Buchstaben.

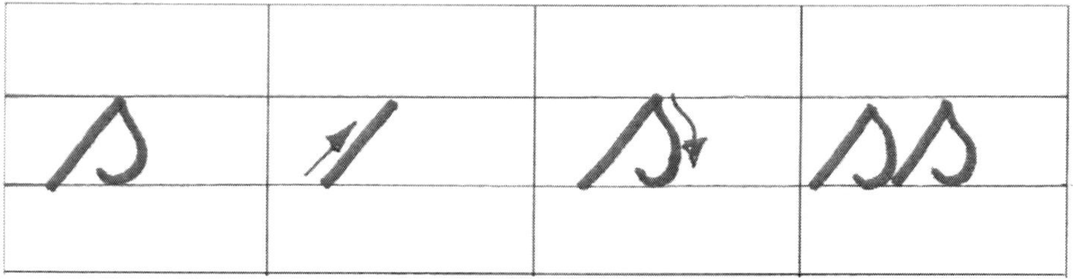

Das *ß* gibt es nur in er deutschen Sprache und in der Schreibschrift

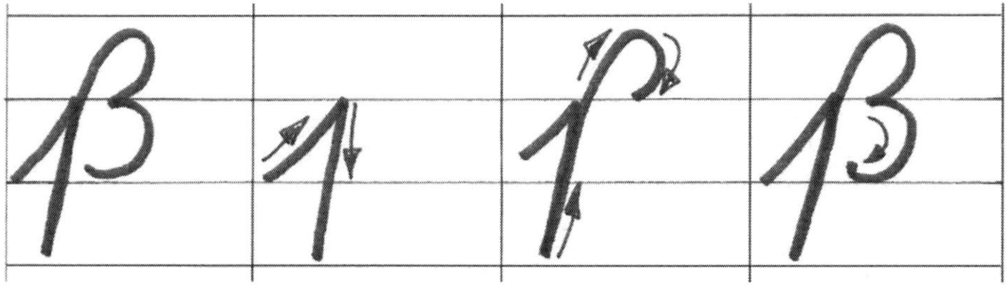

nur als Kleinbuchstabe. Das *ß* besteht aus einer Unterlängen-*1* (eins), die mit einer *3* verbunden ist. Die *1* hat unten einen „U-Turn“, dann geht es hoch in den Oberlängenbereich und dann folgt die *3* bis zur Grundlinie.

Das z hat eine kopf- und eine Fußwelle und dazwischen eine diagonale

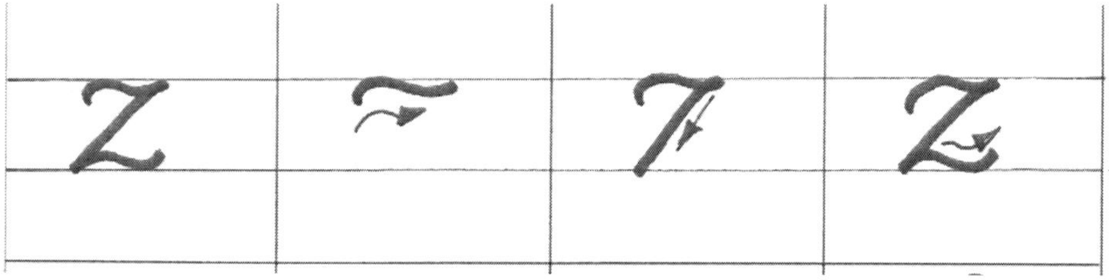

<u>Das *q*</u> ist ein **Unikum**. Es schreibt sich wie ein *a* [*c* (*kleiner Halbkreis*) mit einem *i* (*spitzer Pfeil* ohne Punkt), das das *a* oben und an der Seite schließt] mit Strich nach unten (wie beim *p)*. Das *q* tritt im Deutschen ausschließlich in Verbindung mit dem u auf, ist also ein „Buchstabenpaar". Der Übergang zum folgenden Buchstaben ist wie beim *u*.

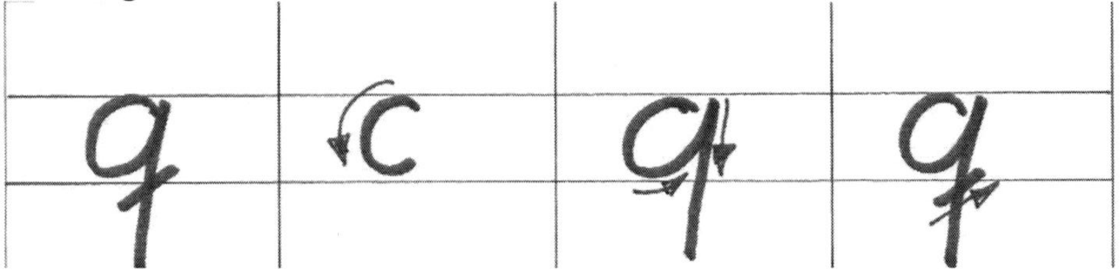

Jetzt wird nach demselben Prinzip wie
zuvor, in Quadrate geschrieben
und danach geht es auf die Linien

sah sagen sehen sägen sagen si

sie sieh maß muss nuss naß

küssen schmusen lassen glasen

blasen blass krass kross groß

bloß kolossal los bos flüssiger

flusiger schusselig russisch ruß-

ig schreiben kreischen lesen böse

zu lassen zulassen zur zurück

trotzen glotzen putzen kurz

kürzen stutzen stützen zucken

zücken bolzen holzen platzen

sitzen schwitzen riss ritzen zue

zagen zogen zwei zwölf zwo

würzen stürzen stürzen zwanzig

que qua quatschen quittieren

zerquetschen aufquellen qu kuh

ququk quer kwer quälen

quaken quieken quick qualmen

quietschen qurlen quirlen

quitt quasi verquer queck

quecksilbrig überqueren quirlen

DANKE

Dr. Gisela Schütte für Raum und Zeit,

Dr. Thomas Kasperzak für Rat und Zeichen,

Felix und Moritz für die Genehmigung,

ihre zauberhaften Handschriften veröffentlichen zu dürfen!

Meinem unermüdlichen *Bildungspolitik-Rechercheteam* herzlichen Dank.

Und all den zahllosen Kindern, Eltern, Lehrerinnen und Lehrern,

Wissenschaftlern und Managern,

die mir ihre Schreibängste und Grundschulerlebnisse anvertrauten.

Ohne sie wäre diese Arbeit nicht möglich gewesen.

Mit ihnen ist sie gelungen.

Schreiben macht glücklich — meine persönlichen Handschrift-Variationen

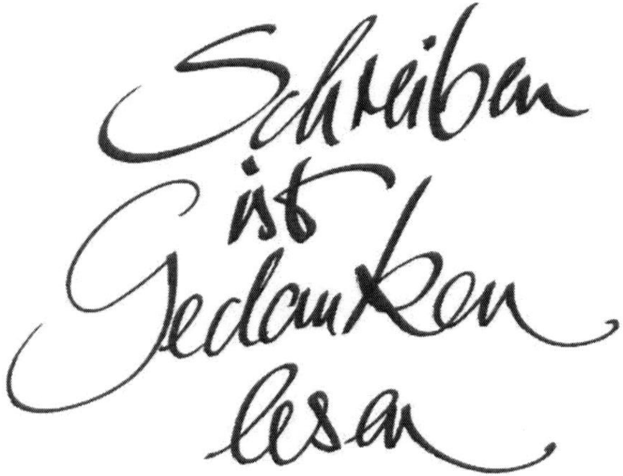

Origi

Letztes Jahr war ich auf den Malediven
diese Jahr will ich nach Kenia.
Würden Sie mich bitte rechtzeitig mit
einer Anzeige in HÖRZU an meine
Sonnencreme erinnern ?!

Letztes Jahr war ich auf den Malediven
diess Jahr will ich nach Kenia
Würden Sie mich bitte rechtzeitig mit
einer Anzeige in HÖRZU an meine Sonnencreme
erinnern !!

Letztes Jahr war ich auf den Malediven
dieses Jahr will ich nach Kenia
Würden Sie mich bitte rechtzeitig mit
einer Anzeige in HÖRZU an meine
Sonnencreme erinnern !!

Letztes Jahr war ich auf den
Malediven dieses Jahr
will ich nach Kenia
Würden Sie mich bitte
rechtzeitig mit einer Anzeige
in HÖRZU
an meine Sonnencreme
erinnern!

Baum
Sonne Mond Sterne
Papier Gesicht Zucker
Olivenöl Butter Milch
Mehl Brot Wurst Käse
Mais Tomaten Weintrauben
Bananen Pfirsiche Brot
Zucchini Mozzarella Joghurt
Kiwis Pflaumen Weißbrot
Steaks Hackfleisch Müsli
Cornflakes Tomaten
Ziegenkäse Orangen Milch

Das Schöne des Schreibens
ist seine Flexibilität,
sein Phantasienreichtum,
seine Fähigkeit, die Eigenarten
des Denkens sichtbar zu machen.
Die Handschrift ist immer da.
Schreiben ist innen & außen, ganz nah
und weit weg. Es ist eine
künstlerische Disziplin.

[illegible] 2017

Lernen wir
nichts
hinzu
so wird unsere nächste Welt
nicht anders sein,
als diese
sie bietet die gleichen
Beschränkungen
und es gilt,
die gleiche
bleischwere
Last
zu überwinden.

Forderungskatalog - publiziert seit 2/2014

Für die Wiedereinführung der Alphabetisierung ab dem ersten Schuljahr an allen deutschen Grundschulen

Für den sofortigen Ausschluss der Freinet-Ideologie aus staatlichen Grundschulen

1. Wir fordern Grundschullehrerinnen und -lehrer mit Ausbildung zur Alphabetisierung, das heißt, mit offiziellen, universitär erworbenen Lehrbefähigungen für die Grundschul-Basiskenntnisse Lesen, Schreiben und Rechtschreibung. Zurzeit haben sie diese nicht und können sie auch nicht erwerben, weil „das Beibringen von Buchstaben“ (wie es abwertend von Politikern genannt wird) nicht in die wissenschaftliche Lehrerausbildung aufgenommen wurde – entgegen der Erfahrung, dass *grundschulisches Alphabetisieren* sich seit 500 Jahren erfolgreich bewährte. Ergebnis:

7,5 Mio. erwerbstätige und 3 Mio. schulpflichtige Analphabeten, viele Millionen grafomotorisch geschädigte Kinder (LRS, ADS/ADHS).

Deshalb: Lehrerausbildung darf es nur noch mit Alphabetisierungs- und Schreibschriftkompetenzerwerb geben.

2. Wir fordern die Wiedereinführung des (Recht-)Schreib**unterrichts.**

3. Wir fordern Lehrstühle für *Alphabetisierung und Handschrifterwerb (lateinische Schreibschrift) in der Grundschule*, besetzt mit sachkundigem, wissenschaftlichem Personal.

4. Wir fordern die Eingliederung der Grundschule in die Gemeinschaft aller allgemeinbildenden Schulen. Die Grundschule darf keine Ideologie vermitteln, die die Begabungsentfaltung der Kinder in den weiterführenden Schulen konterkariert.

5. Wir fordern das Verbot der „Vereinfachten Ausgangsschrift“ (VA), weil die Schreibtechnik nicht die Maßgaben einer Schreibschrift und Ausgangsschrift für Anfänger erfüllt und fließende Schreibtechnik verhindert.

6. Wir fordern, dass die lateinische Schreibschrift wieder erste und einzige Schulschreibschrift ist.

7. Wir fordern die Ausbildung für Lehrer/-innen im Umgang mit Linkshändern.

8. Wir fordern, dass die „Grundschrift“-Kampagne eingestellt und die „Grundschrift“ aus dem Schulschriftenkanon entfernt wird.

9. Wir fordern, dass die Druckschrift die Leseschrift bleibt und nicht als „Schreibschrift“ eingesetzt wird.

10. Wir fordern, dass Handschrift-Erwerb- und Orthografie-Erstunterricht zusammengelegt werden und gemeinsames Lehrbefähigungs-Prüfungsfach ist.

11. Wir fordern die sofortige Entfernung der Anlauttabelle, der „Schreib, wie du sprichst“- und der „Lesen durch Schreiben“-Methode (LdS) aus dem Grundschulunterricht.

12. Wir fordern, dass Vor- und Grundschullehrer/-innen verpflichtet werden, alle Vor- und Grundschuleltern ausführlich über die Schreibmethodik der lateinischen Schreibschrift zu informieren.

13. Wir fordern, dass Grundschullehrer/-innen die grafomotorische Stiftführung und Verhaltensergonomie beherrschen und dass Migrantenkindern (resp. deren Müttern) gegebenenfalls beides in ihrer Muttersprache nahegebracht wird.

14. Wir fordern zum *Handschrifterwerb* den Einsatz der bewährten der Dorendorff-Methode (Schreibschrift – hören, sehen, bewegen).

15. Wir fordern psychologische Lehrerschulungen im Umgang mit Schreibangst.

16. Wir fordern Lehrgänge für Lehrer/-innen über die Eigenschaften der Handschriften und die Anwendung im Kunst- und Ethikunterricht – interkulturelle, interdisziplinäre Bildung.

17. Wir fordern Lehrgänge für Ergotherapeuten, Kinderärzte und Kinderpsychologen über Handschrifterwerb und dessen physisch-psychische Bedeutung.

18. Wir fordern die Eingliederung der Vor- und Grundschul-Grundlagenforschung in die Wissenschaft als interdisziplinäre, praxisorientierte Forschung zur Rechtschreib- und Handschrift-Didaktik und -Methodik.

19. Wir fordern den konsequenten Ausschluss der sozialistischen Freinet- und Freire-Ideologie an nicht entsprechend gekennzeichneten allgemeinbildenden Grundschulen.

20. Wir fordern, dass die Kinder in der Grundschule wieder richtig lesen, schreiben (Schreibschrift und Rechtschreibung) und rechnen (alle Grundrechenarten) lernen.